mon BAC facile

Pour s'entraîner par étapes

Term

Histoire Géographie

Laëtitia Benbassat
Frédéric Fouletier
Adèle Gaillot
Pascal Jézéquel
Servane Marzin
Garance Ouazine
Alain Rajot
Évelyne Soumah
Cécile Vidil

Nathan

Responsable éditoriale : Raphaëlle Mourey
Coordination éditoriale : Julie Langlais
Édition : Nicolas Waszak
Conception graphique intérieur : Julie Lannes
Couverture : Simon Geliot
Schémas : Coredoc
Composition : Fabienne Grain
Fabrication : Kévin Magar

ISBN : 978 209 157505 6

MODE D'EMPLOI

11 sujets corrigés pour s'entraîner dans les mêmes conditions qu'à l'examen.

ÉNONCÉS

PARTIE 2 **Analyse de document** **10 pts** 1 H → Corrigé

› En vous aidant du document, vous expliquerez les objectifs et le fonctio
la solution proposée pour l'indépendance de la Palestine.

DOC. **L'ONU propose un partage de la Palestine (29 novembre 1947)**

« L'Assemblée générale, […]
Considère que la situation actuelle de la Palestine est de nature à nuire au bien général et aux relations amies entre les nations ;
Prend acte de la déclaration de la puissance mandataire, par la-

- le nombre de points
- la durée de l'épreuve
- les renvois aux corrigés clairement indiqués pour chaque exercice.

Par étapes

ÉTAPE 1 **Repérer les mots-clés**

- **Crise :** ralentissement brutal de l'activité économique, se traduisant par une augmentation du chômage et des faillites d'entreprises ou de banques.
- **Dépression :** ralentissement important et durable de l'activité économique.
- **Conséquences :** impact et effets, ici de la crise, dans différents domaines, mais également sur des territoires variés puisqu'elle s'étend au monde dans les années 1930.

ÉTAPE 2 **Comprendre et analyser le sujet**

- Le sujet traite de la crise issue du **krack boursier du 24 octobre 1929**. La chute brutale des indices boursiers se transforme en **crise économique** qui s'étend dans le temps, devenant une **dépression**.
- Celle-ci se prolonge avec d'**importantes conséquences** jusqu'à la Seconde Guerre mondiale pour de nombreux pays. La crise a en effet connu une **extension planétaire** dans les années 1930 avec un impact très important dans les domaines économiques, sociaux mais également politiques.

ÉTAPE 4 **Construire un plan**

- La réponse à la question peut se structurer en **trois parties** qui correspondent aux différents domaines impactés par la crise de 1929 et ses conséquences.
I. Les effets économiques de la crise aux États-Unis puis dans le reste du monde sur le temps long des années 1930.
II. les conséquences sociales de la crise avec le chômage de masse et la contestation croissante.
III. L'impact politique de la crise avec l'incapacité des gouvernements à y faire face et une fragilisation des démocraties libérales.

ÉTAPE 5 **Rédiger l'introduction au brouillon**

- Commencez par **définir le terme** de « crise » et ce que l'on entend par « **conséquences** ». Ainsi, vous devez expliquer que le « krach » se transforme en « **crise économique** », puis en « **dépression** » qui se prolonge, pour certains États, jusqu'à la fin des années 1930.
- Précisez aussi que vous allez construire un **plan thématique** autour des différents domaines impactés par la crise : économique, social et politique.

Une rubrique pour vous aider à **comprendre l'énoncé** et à **analyser les documents.**

› **Je rédige ma réponse** ....

Écrivez vos réponses **directement sur le cahier.**

Les conseils du prof !

Dès l'introduction, vous devez déterminer les bornes du sujet afin de signifier au correcteur que vous maîtrisez les repères indispensables et n'allez pas faire de hors-sujet.

Faites clairement apparaître la structure de votre démonstration en allant à la ligne entre chaque

Les conseils du prof vous donnent des **indices.**

CORRIGÉS

HISTOIRE

Je comprends les corrigés

Partie 1 → p. 14

Le krach de Wall Street du 24 octobre 1929 et des jours qui suivent déclenche une crise économique aux États-Unis qui met fin à une période de prospérité apparente. Celle-ci se propage au monde sous la forme d'une dépression qui se prolonge pour certains États jusqu'en 1939, quand débute la Seconde Guerre mondiale en Europe. Les conséquences de celle-ci sont plurielles avec un impact économique, social et politique fort qui déstabilise les démocraties et favorise l'émergence de régimes autoritaires ou totalitaires qui remettent en cause la paix.

Dès l'introduction, expliquez que la crise de 1929 se prolonge bien au-delà de cette année-repère, dans une dépression.

Quel a été l'impact global de la crise et dépression économique mondiale entre 1929 et le début de la Seconde Guerre mondiale ?

Dans un premier temps, nous étudierons les effets économiques de la crise aux États-Unis puis dans le reste du monde jusqu'à la fin des années 1930. Puis, dans un second temps, nous analyserons les conséquences sociales

Des **corrigés détaillés** pour chaque question.

Une rubrique pour bien **comprendre les corrigés et marquer des points.**

Analyser un ou des document(s) **MÉTHODE 2**

nalyser la consigne

Repérez les mots-clés.

Identifiez la manière dont ils sont mis en relation dans la consigne (attention en particulier aux nnecteurs logiques : et, ou, mais, par rapport à…).

Déterminez avec rigueur **le cadre du sujet** :

epérez le chapitre correspondant dans le programme d'histoire ou de géographie.

entifiez ses limites chronologiques et spatiales : quand elles ne sont pas indiquées de manière écise, il faut justifier le choix que vous faites pour traiter le sujet.

Des fiches pour bien comprendre la **méthode**.

FICHES DE SYNTHÈSE

FICHE 1 HISTOIRE Fragilités des démocraties, to et Seconde Guerre mondiale

1. L'impact de la crise de 1929 : déséquilibres écon

- La crise qui éclate aux États-Unis en octobre 1929 se prolonge e propage à toute la planète.
- Si ses causes s'expliquent par une bulle spéculative et un phén mèdes s'avèrent difficiles à trouver. Les États, désorientés, alter véritablement faire émerger une reprise économique.
- Les démocraties libérales sont particulièrement fragilisées au p

En fin d'ouvrage, des fiches de synthèse avec du **cours**.

FICHE 2 PERSONNAGES-CLÉS Histoire

- **Philippe Pétain (1856-1951)**
Considéré comme le vainqueur de Verdun, il dirige le gouverne 1940. Après avoir demandé l'armistice à l'Allemagne, il obtien pouvoirs à Vichy le 10 juillet. Devenu chef de l'État français, il 1944. En 1945, il est jugé et condamné pour collaboration.

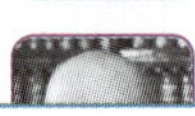

- **Winston Churchill (1874-1965)**
D'origine aristocratique, il assume différentes fonctions mi

Des fiches **repères** : dates-clés, personnages-clés, cartes-clés, lexiques.

SOMMAIRE

révisions et méthode

Fiches de synthèse

HISTOIRE

GÉOGRAPHIE

Fiches repères

Fiches méthode

L'organisation du nouveau Bac

1. Le calendrier

- **Les premières épreuves du nouveau Bac ont lieu en janvier** dans le cadre des **évaluations communes** et concernent les élèves de Première.
- **Les épreuves anticipées du Bac en français ont lieu en juin** pour les élèves de Première.
- **Une deuxième session d'évaluations communes du contrôle continu** est mise en place durant le 3e trimestre de Première.
- **Les épreuves finales ont lieu fin mars** pour les élèves de Terminale.
- **Une troisième session d'évaluations communes** a lieu au **3e trimestre de Terminale**.

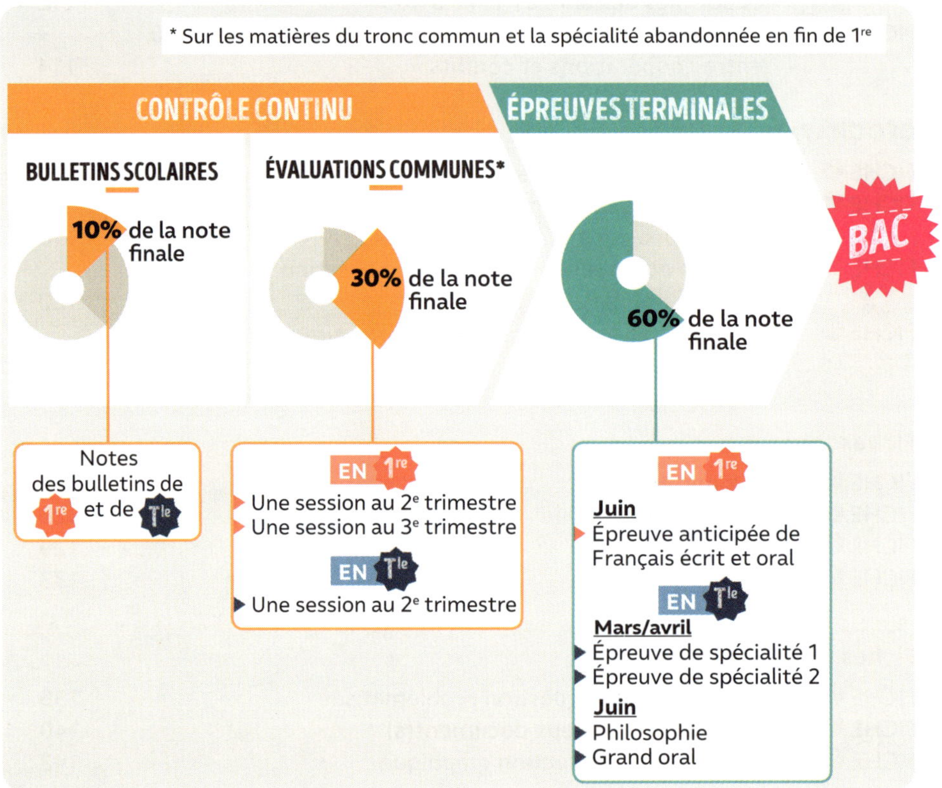

2. Le cycle terminal de Première et de Terminale

3 spécialités en Première, 2 spécialités en Terminale

- À la fin de l'année, les élèves de Première décident de **ne pas poursuivre une des trois spécialités** choisies en début d'année.
- **La spécialité non poursuivie est évaluée en fin de Première** par une évaluation commune de contrôle continu (l'ensemble des épreuves de contrôle continu compte pour 30 % de la note finale).
- **Les deux spécialités conservées en Terminale sont quant à elles évaluées par une épreuve finale** en fin de Terminale. Cette épreuve se déroulera fin mars.
- Par ailleurs, **toutes les notes des bulletins scolaires de Première et de Terminale de l'année comptent pour 10 % de la note finale.**

Les enseignements

LA CLASSE DE PREMIÈRE

ENSEIGNEMENTS COMMUNS

Français	4 h 00
Histoire-Géographie	3 h 00
EMC	18 h 00/an
LVA et LVB	4 h 00
EPS	2 h 00
N Enseignement scientifique	2 h 00

ENSEIGNEMENTS DE SPÉCIALITÉ 3 AU CHOIX

N Histoire-géographie, géopolitique et sciences politiques	4 h 00
N Humanités, littérature et philosophie	4 h 00
N Langues, littératures et cultures étrangères	4 h 00
N Langues, littératures et cultures de l'Antiquité	4 h 00
Numérique et sciences informatiques (NSI)	4 h 00
Mathématiques	4 h 00
Physique-Chimie	4 h 00
Sciences de la vie et de la Terre (SVT)	4 h 00
Sciences de l'ingénieur	4 h 00
Sciences économiques et sociales	4 h 00
Arts	4 h 00

ENSEIGNEMENTS OPTIONNELS 1 AU CHOIX

LVC	3 h 00
Arts	3 h 00
EPS	3 h 00
LCA* : Latin	3 h 00
LCA* : Grec	3 h 00

N nouveau

* Les LCA peuvent être prises en plus.

LA CLASSE DE TERMINALE

ENSEIGNEMENTS COMMUNS

	Philosophie	4 h 00
	Histoire-Géographie	3 h 00
	EMC	18 h 00/an
	LVA et LVB	4 h 30
	EPS	2 h 00
N	Enseignement scientifique	2 h 00

ENSEIGNEMENTS DE SPÉCIALITÉ — 2 AU CHOIX (parmi ceux choisis en 1re)

N	Histoire-géographie, géopolitique et sciences politiques	6 h 00
N	Humanités, littérature et philosophie	6 h 00
N	Langues, littératures et cultures étrangères	6 h 00
N	Langues, littératures et cultures de l'Antiquité	6 h 00
N	Numérique et sciences informatiques (NSI)	6 h 00
	Mathématiques	6 h 00
	Physique-Chimie	6 h 00
	Sciences de la vie et de la Terre (SVT)	6 h 00
	Sciences de l'ingénieur	6 h 00
	Sciences économiques et sociales	6 h 00
	Arts	6 h 00

ENSEIGNEMENTS OPTIONNELS — 1 AU CHOIX

Mathématiques expertes (seulement pour ceux qui ont pris la spécialité maths en Tle)	3 h 00
Mathématiques complémentaires (seulement pour ceux qui ont pris la spécialité maths en 1re)	3 h 00
Droit et grands enjeux du monde contemporain	3 h 00

Option de première à poursuivre — 1 AU CHOIX

LCA* : Latin et/ou Grec	3 h 00

N nouveau

* Les LCA peuvent être prises en plus.

Le grand oral

- Cette épreuve, d'une durée de **20 minutes**, se réalise **devant un jury** et porte sur **deux questions** préparées pendant les deux enseignements de spécialité choisis par l'élève en Terminale.
- **Elle se déroule en trois parties** : la présentation d'une question, un échange sur la question, puis un échange sur le projet d'orientation, qui permettent d'évaluer la capacité de l'élève à analyser et mobiliser des connaissances, ainsi que son aptitude à communiquer à l'oral.

L'évaluation d'histoire et de géographie expliquée

1. Comment s'organise l'évaluation ?

- **Durée de l'épreuve :** 2 heures.
- **Caractéristiques :**

  L'évaluation en histoire et géographie se compose de deux évaluations organisées respectivement aux 2e et 3e trimestres de l'année de Première.

  Chaque évaluation se compose de deux parties distinctes : la première consiste en une question problématisée ; la seconde est soit une analyse de document(s), soit la réalisation d'une production graphique.

  Les deux parties de l'évaluation doivent être obligatoirement traitées l'une ET l'autre. Si la première partie du sujet porte sur l'histoire, la seconde porte sur la géographie et inversement.
- **Notation :**

  Chaque évaluation est notée sur 20 points : 10 points en histoire et 10 points en géographie.

Première partie : réponse à une question problématisée

- Il s'agit d'une réponse rédigée et construite : le style télégraphique est à bannir, l'argumentation doit s'inscrire dans un plan rigoureux en deux ou trois parties.
- Vous devez démontrer vos capacités d'analyse et mobiliser votre esprit critique. Il convient de prouver votre aptitude à sélectionner les connaissances sur le sujet à traiter et de les organiser de manière à répondre à la problématique de la question. Il s'agit dans tous les cas de faire une démonstration et d'aboutir à une conclusion explicite.

Deuxième partie : analyse de document(s) ou réalisation d'une production graphique

- **Concernant l'analyse du ou des document(s)**, le titre, la consigne et, le cas échéant, une note explicative doivent vous permettre de construire votre raisonnement et de répondre à la problématique.
- **Concernant la production graphique**, il peut s'agir de produire un croquis à partir d'un texte géographique en prenant appui sur le fond de carte fourni avec le sujet, ou toute autre représentation graphique (schéma, organigramme…) à partir de consignes spécifiques.

2. Quels sont les critères d'évaluation de ma copie de Bac ?

- Les évaluations d'histoire et de géographie ont pour objectif d'évaluer votre capacité à :

  – mobiliser, au service d'une réflexion historique et géographique, des connaissances fondamentales pour la compréhension du monde et la formation du citoyen ;
  – rédiger des réponses construites et argumentées montrant une maîtrise correcte de la langue ;
  – exploiter, organiser et confronter des informations ;
  – analyser un document de source et de nature diverses ;
  – comprendre, interpréter et pratiquer différents langages graphiques.
- Il convient d'apporter un soin particulier à la réalisation de la production graphique. N'oubliez pas de vous munir du matériel nécessaire (règle, crayons de couleur, gomme, crayon à papier…).

Organisez-vous efficacement

- **5 minutes pour lire les sujets dans leur intégralité** ;
- **55 minutes pour l'histoire et 55 minutes pour la géographie** ;
  – travail préparatoire au brouillon (rédaction de l'introduction et de la conclusion) : 15 minutes
  – rédaction du développement : 40 minutes
- **5 minutes pour relire l'ensemble de la copie.**

La méthode pour réussir

1. Tout au long de l'année

- **Travaillez régulièrement dans les deux disciplines,** tout au long de chaque trimestre, en classe comme à la maison, sans faire « d'impasses ».
- **N'hésitez pas** à **demander de l'aide** à **votre professeur** et à vos camarades pour obtenir des explications ou des précisions sur un thème qui vous a semblé plus complexe qu'un autre.
- **Rédigez des fiches de révision** reprenant les points essentiels à connaître. Pour cela, vous pouvez prendre appui sur les fiches de synthèse présentes à la fin de l'ouvrage. N'attendez pas la dernière minute pour les consulter : utilisez-les régulièrement en alternant les disciplines.
- **Profitez de la fréquentation du CDI ou d'une bibliothèque** pour consulter d'autres sources d'information que le manuel habituellement utilisé en classe : presse, dictionnaires, encyclopédies, etc.
- **Diversifiez vos modes de révision** en réalisant des cartes mentales ou des schémas, en écoutant des podcasts, en visionnant des vidéos…

Astuce
Les repères chronologiques et spatiaux qui sont rassemblés à la fin de cet ouvrage doivent être maîtrisés pour aborder l'épreuve d'histoire et de géographie en toute confiance.

2. Le jour de l'évaluation

- **Prenez le temps de lire l'intégralité du sujet en histoire et en** géographie avant de vous lancer.
- Commencez par traiter le thème avec lequel vous êtes le plus à l'aise ou par le type d'exercice que vous préférez : question problématisée, analyse de documents, production graphique.
- **Gérez correctement votre temps** (une heure par exercice). Prévoyez de réserver au moins 5 minutes à la fin de l'épreuve pour la relecture de votre copie.
- **Analysez précisément les termes qui sont utilisés dans le libellé des sujets à traiter** afin d'éviter tout « hors sujet ». Faites très attention en particulier aux conjonctions telles que « et », « ou », « sauf », etc.
- **Soyez également vigilant** à **la consigne** qui accompagne l'exercice. Elle est destinée à vous guider dans la construction de votre démonstration (en vous suggérant un plan bien adapté à la problématique par exemple).
- N'oubliez pas de vous munir du matériel nécessaire à la réalisation d'une production graphique soignée.

Astuce
Privilégiez une présentation sobre et rigoureuse de votre copie. Sautez une ligne entre l'introduction et le développement, entre le développement et la conclusion. Allez à la ligne en retrait de la marge après chaque sous-partie.

SUJET 1

20 pts — 2H

L'impact de la crise de 1929 : déséquilibres économiques et sociaux

Partie 1 Question problématisée 10 pts 1 H

→ Corrigé p. 18

› Quelles sont les conséquences de la crise de 1929 ?

Par étapes

ÉTAPE 1 Repérer les mots-clés

- **Crise :** ralentissement brutal de l'activité économique, se traduisant par une augmentation du chômage et des faillites d'entreprises ou de banques.
- **Dépression :** ralentissement important et durable de l'activité économique.
- **Conséquences :** impact et effets, ici de la crise, dans différents domaines, mais également sur des territoires variés puisqu'elle s'étend au monde dans les années 1930.

ÉTAPE 2 Comprendre et analyser le sujet

- Le sujet traite de la crise issue du **krack boursier du 24 octobre 1929**. La chute brutale des indices boursiers se transforme en **crise économique** qui s'étend dans le temps, devenant une **dépression**.
- Celle-ci se prolonge avec d'**importantes conséquences** jusqu'à la Seconde Guerre mondiale pour de nombreux pays. La crise a en effet connu une **extension planétaire** dans les années 1930 avec un impact très important dans les domaines économiques, sociaux mais également politiques.

ÉTAPE 3 Mobiliser ses connaissances

- Les conséquences de la crise de 1929 ont profondément bouleversé les équilibres économiques, sociaux et politiques des différents espaces de la planète : chômage de masse, incapacité des États à se saisir des remèdes pour juguler la crise, développement de l'**antiparlementarisme**, renforcement des États autoritaires ou totalitaires qui prétendent apporter des solutions à la situation.
- **La crise touche également différemment les États :** plus tardive en France mais également plus durable, l'économie étasunienne retrouve quant à elle son niveau de 1929 seulement en 1937.

ÉTAPE 4 Construire un plan

- La réponse à la question peut se structurer en **trois parties** qui correspondent aux différents domaines impactés par la crise de 1929 et ses conséquences.
  - **I. Les effets économiques** de la crise aux États-Unis puis dans le reste du monde sur le temps long des années 1930.
  - **II. les conséquences sociales de la crise** avec le chômage de masse et la contestation croissante.
  - **III. L'impact politique de la crise** avec l'incapacité des gouvernements à y faire face et une fragilisation des démocraties libérales.

ÉTAPE 5 Rédiger l'introduction au brouillon

- Commencez par **définir le terme** de « crise » et ce que l'on entend par « **conséquences** ». Ainsi, vous devez expliquer que le « krach **»** se transforme en « **crise économique** », puis en « **dépression** » qui se prolonge, pour certains États, jusqu'à la fin des années 1930.
- Précisez aussi que vous allez construire un **plan thématique** autour des différents domaines impactés par la crise : économique, social et politique.

ÉTAPE 6 Rédiger la conclusion au brouillon

- Concluez en montrant à quel point cette période a été déterminante dans la marche vers **les régimes antidémocratiques** ou le **repli des États sur leurs propres intérêts**, créant des conditions favorables aux **tensions internationales** qui débouchent sur la **Seconde Guerre mondiale**.

ÉTAPE 7 Rédiger le développement directement sur votre copie

- Prenez les temps de relire l'ensemble de votre travail.

Les conseils du prof !

Dès l'introduction, vous devez déterminer les bornes du sujet afin de signifier au correcteur que vous maîtrisez les repères indispensables et n'allez pas faire de hors-sujet.

Faites clairement apparaître la structure de votre démonstration en allant à la ligne entre chaque partie et en réservant un alinéa en début de paragraphe.

N'hésitez pas à appuyer votre démonstration sur des statistiques précises qui sont significatives du sujet abordé.

En conclusion, vous devez apporter une réponse à la problématique en passant en revue les trois domaines d'études : économique, social et politique.

› Je rédige ma réponse ....

Partie 2 Réalisation d'une production graphique 10 pts 1 H → Corrigé p. 20

› Repérer le plan de la légende à partir du texte et de son titre.
L'exercice consiste à passer d'un document en langage écrit à un document présenté sous forme de langage visuel et précisément cartographique. Cela nécessite d'analyser le texte pour trouver les éléments clés qui constitueront les points essentiels de la légende.

DOC Le détroit de Malacca : un détroit sous tension

Depuis le XVIe siècle, le détroit de Malacca est une artère du commerce mondial. Il relie l'océan Indien (dans le Golfe du Bengale) à l'océan Pacifique (dans la mer de Chine méridionale). Il prolonge le court détroit de Singapour et sépare la Malaisie de l'Indonésie.

Dans le cadre d'une maritimisation accrue des échanges mondiaux, les détroits sont des espaces stratégiques et celui de Malacca, situé à l'extrémité de la péninsule malaisienne, est le plus fréquenté du monde et assure à la cité État de Singapour son rôle prépondérant dans les échanges mondiaux. Singapour est l'un des principaux ports à conteneurs du monde et s'affirme comme un hub majeur dans la région. La Malaisie a elle aussi de grandes ambitions portuaires ; elle a augmenté la capacité de son port de Tanjung Pelepas le rendant accessible aux plus grands porte-conteneurs. Malacca est le principal axe de passage des échanges chinois (90 % du trafic maritime de la Chine empruntent le détroit). De ce fait il est l'objet de très nombreuses attaques de piraterie : le détroit de Malacca est un détroit sous tensions qui devient l'enjeu de rivalités géostratégiques dans la région. En effet, la configuration géographique et la pauvreté des populations indonésienne ou malaisienne favorisent le recours à la piraterie. Aujourd'hui, les pirates sont équipés de matériel moderne et s'attaquent aux navires essentiellement pour dérober les cargaisons et les revendre. Pour lutter contre ce fléau, les différents États de la région ont signé un accord de coopération régionale de la lutte contre la piraterie et les vols à main armée (ReCAAP) dès 2006 et des navires militaires patrouillent aux entrées du détroit qui est le plus surveillé au monde.

De plus la très forte fréquentation du détroit entraîne une saturation. Cela n'empêche malheureusement pas les pollutions nombreuses (pollution de l'air liée aux navires, risques de marée noire…).

Par étapes

ÉTAPE 1 Comprendre et analyser le sujet

- L'exercice consiste à s'intéresser au détroit de Malacca, principal point de passage stratégique dans le commerce mondial. En Terminale, les consignes se bornent à l'énoncé du sujet sans aucune aide quant à la problématique choisie pour organiser la légende.
- **Identifiez les limites spatiales du sujet :** l'élément central ici est le détroit (qui désigne un étroit bras de mer entre 2 terres) et plus précisément le **détroit de Malacca**. Le texte évoque ce point de passage stratégique pour la mondialisation et les nombreuses tensions du fait du rôle central du détroit dans l'économie mondiale. Malacca devient le **symbole de la maritimisation des économies** et du rôle central joué par les mers et océans
- **Identifiez les mots-clés :**
  Détroit : étroit bras de mer constituant un passage naturel entre 2 terres mettant en relation 2 mers ou océans et dans lequel un droit de passage est garanti par une convention internationale.
  Tension : ce qui est en amont du conflit et qui se manifeste par un jeu d'opposition ou de crispation entre différents protagonistes.

Par étapes

ÉTAPE 2 **Identifier les informations à cartographier**

- Il faut reprendre les notions principales et utiliser les chiffres du texte pour hiérarchiser les informations à cartographier.
- Il s'agira de souligner toutes les informations de **localisation géographique**, les infrastructures permettant l'insertion dans la mondialisation mais aussi les sources de tension et les dangers qui menacent le détroit.
- Soulignez dans le texte toutes les informations se rapportant au détroit de Malacca, ses tensions et montrant les enjeux qui sont liés à ce point stratégique.

ÉTAPE 3 **Organiser la légende et choisir les figurés**

- Les éléments à cartographier correspondent aux deux thèmes du document : le rôle du détroit de Malacca comme **passage stratégique** au cœur de la mondialisation et les tensions qui existent dans ce détroit.
- Pensez au choix judicieux des figurés à utiliser (figuré de surface, ponctuel ou linéaire).

ÉTAPE 4 **Réaliser la production graphique**

- Complétez la légende avec les figurés choisis.
- Ajoutez un titre qui résume la réponse apportée à la problématique.

› Je réalise ma production graphique

Titre : ....

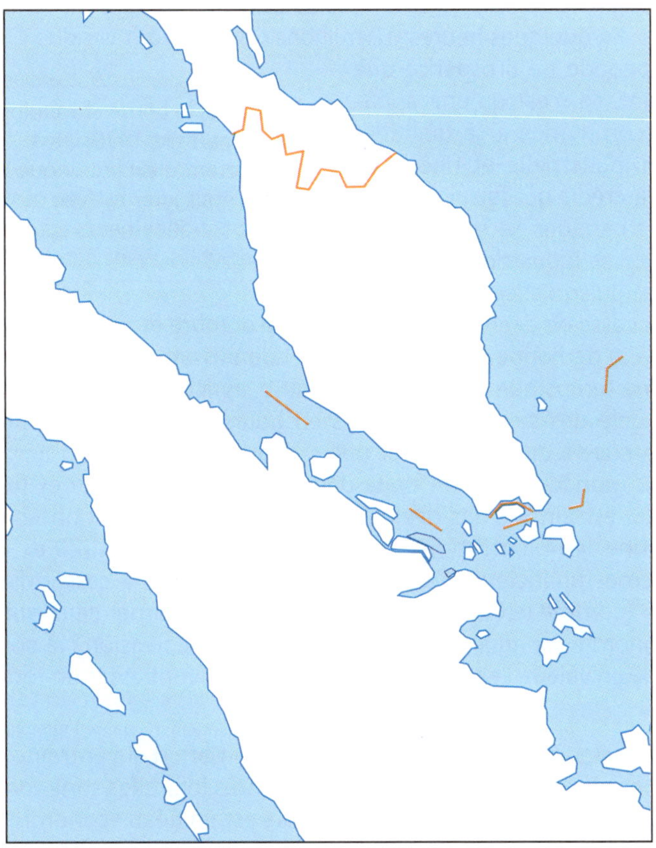

Les conseils du prof !

Ne choisissez pas un titre qui commence par « Croquis de... » : le type de production graphique à réaliser parle de lui-même.

HISTOIRE

Je comprends les corrigés

Partie 1 → p. 14

Le krach de Wall Street du 24 octobre 1929 et des jours qui suivent déclenche une crise économique aux États-Unis qui met fin à une période de prospérité apparente. Celle-ci se propage au monde sous la forme d'une dépression qui se prolonge pour certains États jusqu'en 1939, quand débute la Seconde Guerre mondiale en Europe. Les conséquences de celle-ci sont plurielles avec un impact économique, social et politique fort qui déstabilise les démocraties et favorise l'émergence de régimes autoritaires ou totalitaires qui remettent en cause la paix.

> Dès l'introduction, expliquez que la crise de 1929 se prolonge bien au-delà de cette année-repère, dans une dépression.

Quel a été l'impact global de la crise et dépression économique mondiale entre 1929 et le début de la Seconde Guerre mondiale ?

Dans un premier temps, nous étudierons les effets économiques de la crise aux États-Unis puis dans le reste du monde jusqu'à la fin des années 1930. Puis, dans un second temps, nous analyserons les conséquences sociales de la crise pour aborder dans un troisième et dernier temps, l'impact politique déterminant de la crise qui conduit à la déstabilisation des démocraties et des relations internationales.

Le « Krach boursier » étasunien d'octobre 1929 provoque un mouvement de panique qui fait chuter les cours boursiers et provoque une « crise économique ». En quelques heures, 12 millions de titres sont vendus. Ce « jeudi noir » semble brutalement mettre fin à une période de prospérité que l'on a appelé les « Roaring Twenties ». Pourtant, ce n'est qu'une apparence, puisque la situation économique avait commencé à se dégrader depuis plusieurs mois avec une surproduction industrielle et une bulle spéculative, suscitée par des achats d'actions à crédit qui faisaient artificiellement grimper les cours. De nombreuses banques se trouvent en difficulté et certaines sont déclarées en faillite. Les industries sont également confrontées à une situation inquiétante, puisqu'elles ne trouvent plus d'investisseurs et que la consommation ne cesse de décroître. En outre, entre octobre et fin décembre 1929, les prix baissent car l'offre devient supérieure à la demande. L'agriculture, qui connaissait des difficultés depuis plusieurs années, s'effondre également en même temps que le cours des produits agricoles. La crise frappe tous les acteurs économiques américains, bien au-delà des seuls investisseurs en bourse. Sur un temps plus long, l'économie s'enfonce dans les difficultés et la « crise » devient bientôt une « dépression ».

> Même si la borne chronologique de départ est 1929, il est important d'expliquer que la crise était latente avec des dysfonctionnements économiques observables avant octobre 1929.

Celle-ci s'étend géographiquement au reste du monde, en raison de la dépendance économique et financière de nombreux pays par rapport aux États-Unis. C'est ainsi le cas des pays d'Amérique Latine qui observent une contraction du commerce extérieur : en Argentine, les exportations baissent de 35,8 % entre 1929 et 1938. La crise étasunienne du crédit conduit les organismes financiers et les particuliers américains à cesser d'exporter des capitaux vers l'Europe et les « pays neufs » (comme le Canada ou l'Australie) et à rapatrier ceux qui étaient placés dans ces pays. Dès lors, c'est toute l'économie mondiale qui est frappée par la dépression : le commerce mondial diminue de 25 % en volume et de 60 % en valeur. Les désordres économiques vont avoir un fort impact sur la situation sociale et politique des États.

La dépression suit partout un même « cycle infernal », avec une baisse de la consommation qui entraîne des faillites ou difficultés pour les entreprises qui ne sont plus soutenues par les banques. Dès lors, elles sont contraintes de licencier leur personnel : ainsi, « la crise nourrit la crise ». Le chômage de masse est un fléau économique, mais surtout social. Ainsi, à la fin de 1932, on recense 40 millions de chômeurs dans le monde, dont beaucoup ne sont pas indemnisés. Ils sont rapidement conduits à la misère, à l'image de ces familles américaines hébergées dans des bidonvilles que l'on surnomme « Hooverville », en référence au Président des États-Unis, Herbert Hoover (au pouvoir entre 1928 et 1932) qui semble incapable de juguler la dépression.

Les répercussions sociales de la crise sont très importantes et toutes les catégories sont concernées, des agriculteurs aux ouvriers et jusqu'aux employés et aux cadres. Les masses de chômeurs représentent un enjeu important au sein des démocraties, déstabilisant États et sociétés. Ainsi dans l'Allemagne de la République de Weimar, le parti national-socialiste, fait de la lutte contre le chômage un argument électoral pour accéder au pouvoir. En France, on observe la même préoccupation. Le pays a été frappé par la dépression à partir de 1931 et tarde à relever son économie. Arrivée au pouvoir au printemps 1936, la coalition du « Front Populaire » est vite confrontée à un mouvement de grève sans précédent. Pour trouver une solution à une situation compliquée, le nouveau Président du conseil socialiste Léon Blum, organise une rencontre à l'Hôtel Matignon entre syndicats et patronat, les 6 et 7 juin 1936. Les accords signés se traduisent par des avancées sociales importantes avec le renforcement des droits syndicaux et l'augmentation des salaires. Ainsi, les dirigeants politiques ont conscience que les citoyens attendent des solutions rapides et efficaces pour lutter contre la dépression.

> Penser à réinvestir l'apport des points d'ouverture pour valoriser sa réponse.
> Ici, il s'agit des accords Matignon de juin 1936.

La plupart des responsables politiques semblent avoir mal évalué la situation et croient que la crise est passagère. Influencés par l'idéologie libérale, certains pensent qu'il suffit d'attendre qu'un nouvel équilibre apparaisse avec le rétablissement spontané du marché. D'autres, et parfois les mêmes, sont persuadés que la crise s'explique par un abus du crédit qu'il faut combattre par des politiques de déflation ; c'est-à-dire une politique de contraction des dépenses pour rééquilibrer les budgets mis à mal par la dépression. Or, ces politiques ne font qu'aggraver la situation économique et sociale. Aux États-Unis, la lutte contre les effets de la dépression devient un enjeu majeur de l'élection présidentielle américaine de 1932. Malgré des mesures prises pour mieux organiser le marché de produits agricoles et pour soutenir les entreprises en difficulté, la situation n'a pas été redressée. Le nouveau Président, Franklin Delano Roosevelt, élu face à Hoover, engage donc une nouvelle politique : le « New Deal ». L'objectif est de favoriser l'intervention de l'État fédéral pour susciter la reprise avec en particulier l'outil de la politique monétaire. Une mesure, dénommée « National Security Act », est même destinée à apporter une aide aux chômeurs. En 1936, l'économiste John Maynard Keynes publie un ouvrage intitulé, « La théorie générale de l'emploi, de l'intérêt et de la monnaie » dans lequel il explique qu'en favorisant la consommation et les investissements des entreprises, on peut retrouver le plein emploi au moyen d'une intervention du politique dans le domaine économique et social. Ces politiques dites « de relance » vont influencer les politiques économiques occidentales bien après 1939.
Cependant, de nombreuses démocraties libérales semblent impuissantes à faire émerger des solutions politiques efficaces et durables pour combattre la récession et ses effets. Cela entraîne une remise en cause du modèle démocratique par les partis à tendance autoritaires ou totalitaires. On observe dans différents pays, une montée de l'antiparlementarisme et de l'instabilité politique. Ainsi certains partis exploitent la situation pour s'emparer du pouvoir ou renforcer leur mainmise sur les États. Ainsi, en 1938, on ne dénombre plus que 13 démocraties sur 28 États en Europe. Le repli des États sur leurs propres intérêts, empires coloniaux ou zones monétaires, entraîne une dégradation des relations internationales et rapports politiques entre nations. Désireux d'étendre leurs territoires pour s'emparer de matières premières, les régimes totalitaires stimulent une « économie de guerre » artificielle, basée sur l'augmentation des dépenses militaires. La seule issue devient alors la guerre.

Les conséquences de la crise de 1929 ont donc été diverses et profondes. Sur le plan économique, la crise s'est transformée en dépression et en 1939 de nombreux États n'en étaient pas encore sortis. Mais les conséquences sociales ont également été dramatiques, déstabilisant de nombreuses populations frappées par le chômage et la précarité. Dès lors, les conséquences politiques de la crise n'ont pas été bien maîtrisées par les démocraties, dont les responsables politiques n'ont pas toujours su faire émerger les solutions les plus efficaces pour relancer l'économie. Certains partis antidémocratiques ont su exploiter la situation pour favoriser leur accession au pouvoir ou leurs ambitions internationales.

Il existe donc un lien direct entre crise de 1929, affermissement des régimes totalitaires et tensions internationales conduisant à la Seconde Guerre mondiale. La plupart des États sortent par ailleurs de la dépression après le conflit, au moment où débutent les « Trente Glorieuses » (1945-1975). Et aujourd'hui encore, **les politiques dites « keynésiennes »**, continuent à être en partie appliquées pour faire face aux soubresauts de l'économie.

L'ouverture peut établir un lien avec les autres chapitres du thème mais également engager la réflexion sur les effets sur un temps beaucoup plus long (presque un siècle) de cette crise et dépression.

GÉOGRAPHIE

Partie 1 → p. 16

Le détroit de Malacca, un espace sous tensions

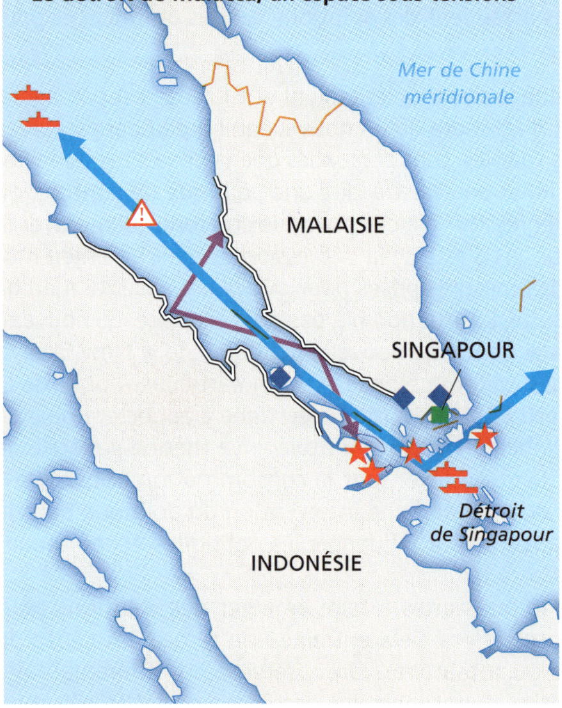

1. Une artère du commerce mondial

- Infrastructures portuaires
  - Hub majeur
  - Port porte-conteneur
- Espace de circulation
  - Route de navigation internationale
  - Route de navigation locale

2. Une zone sous tensions

- Un espace sous surveillance
  - Piraterie
  - Navires de surveillance
- Autres dangers
  - Pollution du littoral
  - Risque de collisions (liés à la saturation)

SUJET 2

20 pts — 2H

PARTIE 1 — 10 pts — 1 h

Question problématisée

PARTIE 2 — 10 pts — 1 h

Analyse de documents

PARTIE 1 Question problématisée 10 pts 1 H

→ Corrigé p. 27

› Comment la France cherche-t-elle à maintenir sa puissance politique à l'échelle européenne et mondiale ?

Par étapes

ÉTAPE 1 Repérer les mots-clés

- **Diplomatie :** partie de la politique qui concerne les relations entre les États.
- **Francophonie :** institution regroupant les pays francophones ou attachés à la langue française et destinée à défendre la culture et les valeurs françaises.
- ***Hard power* :** (puissance forte) capacité d'un État à imposer ses intérêts aux autres États.
- ***Soft power* :** (puissance douce) capacité d'un État à influencer les autres États pour les amener à coopérer.

ÉTAPE 2 Comprendre et analyser le sujet

- Le sujet interroge la puissance à l'échelle mondiale de la France en se concentrant sur les aspects politiques. La notion de géopolitique est ici centrale : elle désigne l'étude de l'influence des facteurs géographiques, économiques et culturels sur les relations internationales.

ÉTAPE 3 Mobiliser ses connaissances

- **Une puissance politique confirmée :** siège permanent au Conseil de sécurité de l'ONU, dissuasion nucléaire, 5e armée mondiale, hard power, pays fondateur de l'UE.
- **Une puissance politique qui diversifie ses atouts :** francophonie, réseau audiovisuel, soft power.
- **Une puissance politique fragilisée :** déclassement de la France en Europe, éloignement de l'allié américain.

ÉTAPE 4 Construire un plan

- Le plan doit tourner autour de la notion de puissance et la discuter, c'est ce que vous incite à faire le terme de « maintenir », signifiant que cette puissance est fragilisée et que la France doit agir pour la conserver. Votre plan comportera donc une partie évoquant les limites de cette puissance politique.
- Pour ne pas produire un plan simpliste et déséquilibré, il faudrait également présenter les aspects de la puissance politique en deux étapes : commencer par les éléments traditionnels autour de la diplomatie, des interventions militaires puis évoquer les nouveaux outils liés au *soft power* tels que la francophonie, le réseau audiovisuel…

ÉTAPE 5 Rédiger l'introduction au brouillon

- Pour votre accroche, l'actualité est pleine d'événements montrant la volonté de la France de compter comme une grande puissance politique.
- Il est toujours intéressant en introduction de souligner des paradoxes, ça permet de facilement problématiser. Ici, vous pouvez souligner que la France a peut-être des ambitions politiques mondiales surprenantes compte tenu de sa taille et de son poids.

ÉTAPE 6 Rédiger la conclusion au brouillon

- En conclusion, il faut soulever le fait que la France ambitionne toujours d'être une grande puissance tout en éprouvant de plus en plus de difficultés à le faire dans un contexte de concurrence accrue entre grandes puissances, États-Unis et Chine en tête.

ÉTAPE 7 Rédiger le développement directement sur votre copie

- Prenez les temps de relire l'ensemble de votre travail.

› Je rédige ma réponse

Les conseils du prof !

Votre annonce de plan doit être courte et efficace car vous avez peu de temps ; trop souvent, elle tient lieu d'introduction car le reste peut être mal maîtrisé.

Votre copie se distinguera de celle des autres élèves par la mobilisation d'exemples précis qui illustrent votre propos.

N'hésitez pas à mobiliser des éléments pris dans d'autres chapitres.

Une conclusion doit être courte et efficace.

PARTIE 2 Analyse de documents 10 pts 1 H

→ Corrigé p. 28

› Après avoir identifié les documents, vous montrerez comment ils permettent de comprendre le contrôle exercé par les régimes totalitaires sur les populations.

DOC. 1 « Toute l'Allemagne entend le Führer avec le récepteur du peuple », affiche de propagande nazie de 1936

À partir de 1933, le ministre de la Propagande Goebbels encourage la fabrication de radios à faible coût (les « récepteurs du peuple ») pour faciliter la propagande. En 1939, on compte 12 millions de récepteurs pour 68,5 millions d'habitants.

DOC. 2 L'objectif des Balillas

Les Ballilas forment une organisation de jeunesse fasciste qui a rassemblé entre 1926 et 1937 les jeunes de 8 à 18 ans.

« Le bien fait à l'Italie par le fascisme, ne serait-ce qu'en la préservant de l'anarchie, est si évident et si actuel encore qu'il n'est pas difficile de l'expliquer, même aux esprits les plus incultes. Les maîtres n'auront pas de mal à afficher dans un cadre digne de lui le visage du Duce, qui dans ses attitudes multiples de prophète, de guide, d'homme d'État et de merveilleux organisateur des forces de la nation, résume en lui les traits les plus caractéristiques de la race. Quelques paroles du Duce doivent entrer dans l'esprit de nos jeunes Chemises noires […]. Nos Balillas doivent obéir à la discipline des soldats, à la force de la règle, aux liens de la loi, et ceci sans discuter. Le règlement est sacré, l'obéissance doit être aveugle, pleine, totale. »

Giovanni Bomomi, *Le Maître du régime, Notes et expériences de pédagogie fasciste*, 1934.

Par étapes

ÉTAPE 1 Comprendre et analyser le sujet

- Les documents traitent des régimes totalitaires nazi et fasciste, et plus précisément le contrôle et l'embrigadement des populations de tous âges par les États. À la lumière du sujet, ils permettent de définir les objectifs en termes de contrôle des masses par ce type de régime et les outils qui sont exploités pour y parvenir.

ÉTAPE 2 Identifier les documents

- **Le premier document** est une affiche de propagande nazie, commandée par le ministre de la Propagande Goebbels et datée de 1936. Elle est destinée à vanter, auprès de la population, la possibilité offerte à chaque famille d'acheter un poste de radio à prix abordable pour mieux écouter les discours du « Führer », Adolf Hitler.
- **Le deuxième document** est extrait de notes pédagogiques rédigées par Giovanni Bonomi en 1934 et destinées à ceux qui encadrent l'organisation des Ballillas, qui rassemble les jeunes italiens de 8 à 18 ans de 1926 à 1937. Plus précisément, cet extrait est centré sur la présentation et la promotion du Chef, le « Duce » auprès des jeunes.

ÉTAPE 3 Retrouver les axes du sujet et former un plan

- Pour répondre au sujet et en exploitant les deux documents il est possible de dégager deux axes : dans un premier temps, on peut analyser et identifier les objectifs définis par les régimes totalitaires pour former un « homme nouveau », issu des masses. Puis, dans un deuxième temps, il serait intéressant de se concentrer sur les outils mis en œuvre pour y parvenir, par la propagande et l'embrigadement de la jeunesse.

ÉTAPE 4 Mobiliser et classer les connaissances indispensables

- Pour traiter le sujet, il est indispensable de mettre en avant la volonté des régimes totalitaires de privilégier les « masses » par rapport à l'**« individu » et de faire émerger cet « homme nouveau », archétype du citoyen modèle et idéal, soumis au « chef » tout puissant.** En Allemagne, le régime met en avant le concept de « race », mais en Italie, c'est l'« État total » qui semble incontournable.
- Pour faire émerger ces objectifs, les régimes totalitaires mettent en œuvre une intense propagande destinée à contrôler les populations à tous les âges de la vie. La jeunesse est particulièrement visée. Cette politique se traduit par un asservissement et une perte de liberté des populations.

ÉTAPE 5 Introduire et conclure

- **En introduction**, il importe d'identifier les documents dans leur contexte et de les relier au sujet, ici le contrôle des masses exercé par les régimes totalitaires. Il est également utile de centrer la réflexion autour des objectifs et des outils exploités pour réaliser le contrôle des populations dans les régimes nazi et fasciste. Puis, vient ensuite l'annonce des deux parties de l'analyse.
- **En conclusion**, il s'agira de montrer en bilan que les deux documents permettent bien d'aborder le sujet à partir des objectifs et des outils de contrôle des populations qui peuvent être communs mais également comporter des différences.

› Je rédige ma réponse

Les conseils du prof !

L'identification des documents, demandée en consigne, doit être intégrée dès l'accroche.

Il est important de sauter deux lignes entre l'introduction et suite de la réponse au sujet.

Entre chaque sous-partie, allez à la ligne ou posez un alinéa. Cela facilite la compréhension par le correcteur de la démonstration.

Il faut citer des extraits et décrire des éléments précis des documents pour appuyer sa réponse.

La conclusion débutera toujours par un bilan, afin de résumer les apports des deux documents qui répondent au sujet.

GÉOGRAPHIE

Je comprends les corrigés

Partie 1 → p. 22

La présidence d'Emmanuel Macron se distingue par un activisme politique aux échelles européenne et mondiale, comme l'ont illustré les interventions sur le climat ou le nucléaire iranien. La France a toujours ambitionné de conserver son statut de grande puissance, notamment politique, malgré sa petite taille et les aléas de l'histoire mondiale. C'est d'ailleurs une critique récurrente qui lui est faite. La France peut-elle maintenir sa puissance politique mondiale ?
Nous verrons dans une première partie que la France dispose d'atouts traditionnels pour projeter sa puissance politique mais valorise aujourd'hui d'autres atouts que nous aborderons dans une deuxième partie. La puissance politique de la France est cependant fragilisée.
La France est une puissance politique très ancienne, elle a donc construit dans le temps long des facteurs de domination traditionnels que l'on rassemble aujourd'hui sous le terme de *hard power*.

À l'échelle mondiale, cette prééminence politique s'exprime d'abord par son siège permanent au Conseil de sécurité de l'ONU. Il permet à la France de participer aux grandes décisions onusiennes comme les sanctions ou les interventions militaires et de mettre son veto, comme elle l'a fait en 2003, pour s'opposer au soutien de la communauté internationale à l'intervention américaine en Irak. La France est une voix forte du multilatéralisme dans les relations internationales. Son armée, placée au 5e rang mondial et au 1er rang européen, lui assure également une place centrale dans les affaires du monde : elle a été appelée au secours par les pays du Sahel, anciennes colonies, pour contrer les attaques des groupes djihadistes. Elle a été très impliquée dans les opérations Serval puis Barkhane. Cette puissance militaire lui assure des alliés nombreux dans sa zone d'influence, principalement l'Afrique.
À l'échelle européenne, la France est un membre fondateur de la construction européenne. Son poids politique y est central, elle impulse la dynamique de la construction européenne dans le cadre du couple franco-allemand.

> La maîtrise de la réflexion par échelle est importante pour glaner des points.

La France développe aussi son influence politique dans le monde par le biais de son *soft power*, c'est-à-dire par sa capacité à s'attirer des alliés et donc un poids politique important autour de l'attractivité de sa culture et de son modèle.
La francophonie ne désigne pas seulement la communauté des locuteurs français, qui rassemble tout de même plus de 300 millions de personnes et est promise à un bel avenir avec la forte croissance démographique des pays africains francophones. C'est une institution installée à Paris, aujourd'hui dirigée par une Canadienne d'origine haïtienne, qui promeut non seulement la langue et la culture françaises mais aussi ses valeurs telles que la démocratie. Madagascar a par exemple été un temps exclu alors que des militaires avaient pris le pouvoir illégalement. Cette institution, qui favorise les alliances avec la France, est assez attractive quand on voit que de nombreux pays non francophones y adhèrent : l'Égypte, la Grèce, l'Albanie, l'Arménie par exemple.
La France a également développé un réseau audiovisuel ambitieux pour porter la voix de la France dans l'opinion publique mondiale. France 24, une chaîne d'information internationale en continu (diffusée en français, anglais et arabe) et TV5 monde, une chaîne généraliste, sont diffusées dans le monde entier. La radio RFI émet également dans le monde entier et est particulièrement écoutée en Afrique, où les moyens et les restrictions à la liberté de la presse entravent les médias locaux. La France cherche ainsi à porter une autre vision des relations internationales entre les chaînes américaines (CNN) et du Golfe (Al-Jazira).

> Votre culture générale et votre maîtrise de l'actualité doivent vous aider à compléter vos cours.

Cependant, le pouvoir et l'opinion publique s'inquiètent du déclin de la puissance politique française. Cette angoisse traverse l'ensemble des puissances occidentales autrefois dominantes et aujourd'hui concurrencées par les pays émergents dans un monde multipolaire. Mais la France, habitée par la conviction de porter un modèle politique universel ayant vocation à éclairer le monde, ne se résout pas au déclassement politique. Pourtant, l'érosion continue de sa puissance économique constitue un handicap. En Europe, les difficultés à faire diminuer le chômage, la dette et à augmenter la croissance du PIB décrédibilisent les initiatives politiques françaises, surtout en matière de mise en commun des politiques budgétaires dans le cadre du règlement de la crise de la dette des années 2010 et de celle du Covid-19.

Dans un sujet, il faut le plus souvent en étudier les limites, et ce en dernière partie.

Pareillement, cette relative perte d'influence en Europe marginalise la voix de la France à l'échelle mondiale. Le traditionnel allié américain fait de plus en plus souvent défaut. Le président Obama a finalement décliné une intervention conjointe avec la France en Syrie contre l'armée de Bachar Al-Assad tandis que les troupes américaines ont été retirées sans concertation avec l'armée française du Sahel et d'Irak, mettant en danger ses troupes. Le volontarisme d'Emmanuel Macron en matière de politique étrangère sur le climat, sur la question du nucléaire iranien fait face à des blocages des grandes puissances.

Si la France ambitionne de conserver son statut de puissance politique mondiale, elle ne réussit plus non seulement à imposer ses intérêts mais même à influencer le cours des relations internationales et se retrouve isolée dans la défense du multilatéralisme.

HISTOIRE

Je comprends les corrigés

Partie 2 → p. 24

Les deux documents proposés ont été produits par les régimes totalitaires nazi et fasciste dans les années 1930 à des fins de propagande. Ils évoquent le contrôle exercé par les « chefs », « Führer » ou « Duce », sur les populations. Le premier document est une affiche nazie, commandée par le ministre de la Propagande Goebbels et datée de 1936. Elle est destinée à vanter, auprès de la population, la possibilité offerte à chaque famille d'acheter un poste de radio à prix abordable pour mieux écouter les discours du « Führer », Adolf Hitler.

Le deuxième document est un extrait de notes pédagogiques rédigées par Giovanni Bonomi en 1934, et destinées à ceux qui encadrent l'organisation des « Ballillas », qui rassemblent les jeunes italiens de 8 à 18 ans. Cet extrait nous permet de comprendre comment est mise en œuvre la promotion du Chef, le « Duce » auprès des jeunes.

Pour répondre au sujet, nous mènerons donc une réflexion autour des buts et des outils exploités pour réaliser le contrôle des populations dans les régimes nazi et fasciste.

Nous étudierons dans une première partie les objectifs définis par les régimes nazi et fasciste de formation d'un « homme nouveau », en s'appuyant sur les masses. Puis, nous analyserons dans une deuxième partie, le rôle de la propagande et de l'embrigadement de la jeunesse pour réaliser cet objectif.

Les régimes nazi et fasciste ont en commun de vouloir expliquer aux masses qu'ils se sont installés sous une apparence de légalité, pour ensuite établir une dictature, nécessitée par les circonstances. Ainsi, Mussolini devient chef du Gouvernement le 29 octobre 1922, quand le roi Victor-Emmanuel III cède aux pressions exercées par le Parti national fasciste. Le contexte est celui d'une crise sociale, avec une situation insurrectionnelle où les fascistes s'érigent comme les garants de l'ordre. Le document 2 rappelle donc que « le bien fait à l'Italie par le fascisme, ne serait-ce qu'en la préservant de l'anarchie, est si évident et si actuel encore qu'il n'est pas difficile de l'expliquer, même aux esprits les plus incultes ». En avril 1924, le parti de Mussolini devient majoritaire à la Chambre des députés, mais la dictature n'est officiellement annoncée qu'en janvier 1925, alors que Mussolini assume la responsabilité de l'enlèvement et du meurtre du député socialiste Matteotti. Entre 1925 et 1926, les « lois fascistissimes » instaurent la dictature : les administrations

Pour mieux cerner le sens des documents, appuyez-vous sur les étapes qui conduisent à la dictature et sur les objectifs de ces régimes.

sont épurées, les opposants arrêtés et la presse réglementée. Le Parti national fasciste (PNF) devient parti unique et le Parlement perd son droit d'initiative. En Allemagne, le processus d'établissement de la dictature est plus tardif de dix ans. C'est la crise sociale, qui accompagne la dépression économique des années 1930, qui donne au Parti nazi la possibilité d'accéder au pouvoir. Fort du succès de son parti aux élections législatives, Hitler est appelé par le président Hindenburg à former le Gouvernement en tant que chancelier, le 30 janvier 1933. Après l'incendie du Reichstag, il obtient les pleins pouvoirs le 23 mars, avec le soutien de la droite et du centre. Il est désormais en mesure de rédiger seul les lois et même celles qui vont à l'encontre de la Constitution de Weimar. Enfin, le 14 juillet 1933, le Parti nazi devient le parti unique.

Pour la philosophe Hannah Arendt, qui a rédigé *Les Origines du totalitarisme* en 1951, les régimes totalitaires proposent une réponse aux bouleversements nés de l'industrialisation et de la Première Guerre mondiale. Ils ont surtout comme objectif commun de s'adresser aux « masses » et non à l'individu, afin de les contrôler à leur profit. Le document 1 emploie les qualificatifs de « toute l'Allemagne » et de « peuple » dans le slogan de cette affiche de propagande. Surtout, ces deux documents mettent en avant la figure du « chef » : le document 1 évoque l'écoute attentive par les masses allemandes des discours du « Führer ». Hitler considère en effet que l'État national-socialiste doit « purifier » la « race allemande » et confier le pouvoir à un chef incontesté, selon le « Führerprinzip » ou « principe du chef ». Le document 2 évoque précisément la figure de Mussolini, le « Duce », et « ses attitudes multiples de prophète, de guide, d'homme d'État et de merveilleux organisateur des forces de la nation ». Pourtant, ces régimes développent également des objectifs différents : en 1927, Mussolini définit l'État totalitaire en déclarant : « Tout dans l'État, rien contre l'État, rien en dehors de l'État ». Pour lui, l'État est essentiel, même si le régime évoque les « traits caractéristiques de la race » (document 2). Il est même précisé que ces masses doivent adopter une attitude docile envers l'État fasciste : « Le règlement est sacré, l'obéissance doit être aveugle, pleine, totale ». En Allemagne, c'est le concept de race qui est central dans l'idéologie avec une notion de « peuple » restrictive qui exclue, selon les lois de Nuremberg de 1935, les Juifs de la nation allemande. Ces objectifs de contrôle des masses sont mis en œuvre à travers la propagande et l'embrigadement des populations, qui sont évoqués par les deux documents.

> Pour mieux expliquer les documents et valoriser ainsi sa réponse à la consigne, il convient de faire appel à des connaissances venues du cours.

Pour promouvoir leurs objectifs d'instrumentalisation des masses, les deux régimes, tout comme celui de Staline, utilisent la propagande pour mettre en avant le chef et son idéologie. Pour cela différents supports sont exploités et donc contrôlés : la presse en premier lieu, mais également la radio, comme l'évoque le document 1 : un poste de radio accessible à tous les budgets (« récepteur du peuple »), est placé au centre de l'affiche. La population, la masse allemande, écoute « religieusement » les paroles du « Führer » diffusées par ce média de communication moderne. Ainsi, le taux d'équipement de la population en appareils radios est encouragé puisque l'on compte 12 millions de récepteurs pour 68,5 millions d'habitants à la veille de la Seconde Guerre mondiale, en 1939. Dans la poursuite du même objectif, l'art et le sport sont également mis au service des objectifs idéologiques. Cette propagande est donc un moyen d'encadrer la population pour créer cet « homme nouveau » tant recherché par les régimes totalitaires. Le document 2 montre que l'école et la pédagogie sont mises au service de la promotion du chef et des valeurs qu'on lui attribue : le régime cherche à légitimer son action et celle du chef : « Les maîtres n'auront pas de mal à afficher dans un cadre digne de lui le visage du Duce » qui doit résumer « en lui les traits les plus caractéristiques de la race ». Le terme de « race » est à prendre ici comme la traduction du « bon Italien ». La propagande doit donc glorifier la figure et la posture du « chef », au même titre que les organisations d'encadrement des populations.

> Il est important de mettre brièvement en perspective les deux régimes étudiés avec celui de Staline, qui a également été abordé en cours.

Ces régimes éprouvent la nécessité de surveiller la population dans ses faits, ses gestes et ses pensées. Pour atteindre cet objectif, un effort d'encadrement permanent de tous les âges est entrepris : les jeunes sont particulièrement visés et sont enrôlés dans des groupes, tels que les « Balillas » en Italie fasciste, les « Komsomol » en URSS, et les « Jeunesses hitlériennes » en Allemagne nazie. Le document 2 montre que l'objectif est d'influencer la jeunesse pour en faire un instrument docile au service du régime et de son chef : « Quelques paroles du Duce doivent entrer dans l'esprit de nos jeunes Chemises noires ». Les mêmes structures existent également à destination des adultes, à travers des organisations de loisirs telles que « Dopolavoro » en Italie ou « Kraft durch Freude » (la force par la joie) en Allemagne nazie.

L'analyse de ces documents nous a permis de déterminer les objectifs et les outils définis en Allemagne nazie et Italie fasciste pour contrôler et asservir les populations au service de ces régimes. Avec leurs points communs et leurs différences, ces deux États totalitaires ont su mobiliser la propagande et l'embrigadement de la jeunesse à cet effet.
Cependant, il est important de prendre en compte les oppositions qui n'ont jamais cessé de se développer contre ces pratiques totalitaires. Les opposants ont dû pour cela affronter la répression menée à grande échelle par les polices politiques, NKVD en URSS, OVRA en Italie, Gestapo en Allemagne, chargées de pourchasser, torturer et condamner tous ceux qui s'opposent à l'État. Ils ont souvent payé de leur vie leur engagement pour défendre les libertés individuelles menacées par des États qui prétendaient agir au nom des masses.

SUJET 3

20 pts 2H

PARTIE 1 10 pts 1 h

Question problématisée

Histoire

PARTIE 2 10 pts 1 h

Analyse de document

Géographie

Partie 1 Question problématisée 10 pts 1 H → Corrigé p. 39

› Quelles sont les conséquences de la défaite française de 1940 ?

Par étapes

ÉTAPE 1 Repérer les mots-clés

- **Armistice :** cessation des hostilités avant la signature de la paix. Celui du 22 juin 1940 impose des conditions drastiques et humiliantes pour la France.
- **Défaite :** en cinq semaines, du 10 mai au 22 juin 1940, la France subit des revers militaires qui conduisent le gouvernement légal à solliciter des armistices auprès des Allemands et des Italiens.
- **Conséquences :** il s'agit d'étudier l'impact dans différents domaines de la défaite et de déterminer comment les différents acteurs l'analysent pour définir leurs comportements ultérieurs.

ÉTAPE 2 Comprendre et analyser le sujet

- Le sujet est centré sur **le choc de la défaite de 1940** et sur les conséquences politiques, économiques, culturelles et sociales de celle-ci sur la vie et le destin des Français pendant la période de la Seconde Guerre mondiale.
- Pour répondre de manière complète au sujet, il importe également de s'interroger sur **l'interprétation de la défaite** par les différents acteurs et les choix qui en découlent. La période 1940-1944 est en effet un moment clé de l'Histoire contemporaine de la France.

ÉTAPE 3 Mobiliser ses connaissances

- En mai et juin 1940, la défaite est un véritable choc pour les Français : auréolée de la victoire de la Première Guerre mondiale, l'armée française passait pour l'une des meilleures du monde. Son effondrement en cinq semaines frappe l'opinion publique de stupeur.
- Les élites semblent désemparées et interprètent de manière contradictoire le sens de cette défaite : pour Pétain et une partie de la classe politique, la guerre est perdue et la République est fautive, et un nouveau régime autoritaire, antisémite, xénophobe se met en place à Vichy en juillet 1940. Pour les hommes du gouvernement de Vichy, l'intérêt de la France pousse à la collaboration avec les vainqueurs. De Gaulle et les résistances ne partagent pas cette vision et s'y opposent, proposant un autre projet.

ÉTAPE 4 Construire un plan

- Le sujet implique de mieux cerner les **conditions de la défaite** avant d'en déterminer précisément **les conséquences**. Cela signifie qu'il faut essayer d'en comprendre les causes, mais également les représentations que s'en font les différents acteurs impliqués.
- Les conséquences de la défaite étant plurielles (morales, militaires, économiques, culturelles et politiques), il est donc préférable d'adopter une démarche **chrono-thématique**, en définissant **dans un premier temps** ce qu'est cette défaite et dans quel contexte elle se déroule, pour ensuite étudier **dans un second temps** la mise en place du régime de Vichy et de la collaboration. Enfin on peut, **dans un troisième temps**, analyser la structuration et l'union progressive des résistances qui préparent la refondation républicaine de l'après-guerre.

ÉTAPE 5 Rédiger l'introduction au brouillon

- **En introduction,** il convient de rappeler brièvement les repères et les conditions militaires et politiques de la défaite.
- Il est également important de rappeler que les armistices imposés à la France ont de profondes conséquences pour la vie des Français. Les différents acteurs doivent donc opérer des choix pour mettre en œuvre leur vision de l'avenir du pays. Mais ceux-ci entrent en contradiction et créent une quasi-situation de guerre civile en 1940.

ÉTAPE 6 Rédiger la conclusion au brouillon

- **En conclusion,** le bilan doit insister sur la situation très difficile de la France entre 1940-1944 : le pays se trouve vassalisé par rapport à l'Allemagne nazie et se trouve engagé dans la voie de la collaboration par un régime autoritaire.
- **En ouverture,** il semble logique d'évoquer la refondation républicaine dans un sens social, élaborée dans la clandestinité. Celle-ci structure encore largement la France contemporaine.

› Je rédige ma réponse

Les conseils du prof !

Évoquer des acteurs dès l'introduction permet de mieux incarner d'emblée le sujet.

La phrase de transition entre parties doit permettre de saisir le sens de la démonstration.

Il sera très utile de réinvestir les points de passage qui fournissent des précisions très utiles à la démonstration.

Partie 2 Analyse de document 10 pts 1 H → Corrigé p. 39

› En analysant le document, vous mettrez en évidence l'inégale intégration du territoire métropolitain de Manille dans la mondialisation. L'analyse du document constitue le cœur de votre travail mais nécessite, pour être menée, la mobilisation de vos connaissances.

DOC. **Photographie de Manille**

Par étapes

ÉTAPE 1 Comprendre et analyser le sujet

- L'étude de ce document mobilise des connaissances relatives à l'étude des dynamiques des territoires dans la mondialisation, c'est-à-dire de leur inégale intégration. Vous pouvez également vous appuyer sur l'étude de cas consacrée à l'Asie du Sud-Est, Manille faisant partie de cette région du monde.
- **Identifiez les mots-clés :**
  Intégration territoriale : processus de renforcement des relations entre des territoires plus ou moins éloignés, qui se traduit par des flux et des convergences territoriales.
  Territoire métropolitain : territoire d'une métropole, ville dotée de fonctions de commandement, d'une capacité de rayonnement et d'attractivité qui s'expriment à différentes échelles.
  Mondialisation : processus d'interdépendance croissante des hommes et des territoires, qui se traduit par l'augmentation de flux de toutes natures.

ÉTAPE 2 Identifier le document

- Le document est une photographie récente de la ville de Manille. Cette image de paysage urbain permet d'identifier différents quartiers, et donc de mesurer les inégalités sociospatiales de cet espace urbain de près de 20 millions d'habitants, capitale d'un pays en développement, voire émergent : les Philippines.

ÉTAPE 3 Retrouver les axes du sujet et former un plan

- La consigne repose sur la notion d'inégale intégration du territoire métropolitain, c'est-à-dire sur les disparités sociospatiales qui s'expriment à travers cette image.
- Commencez par analyser les territoires intégrés à la mondialisation, CBD et espaces portuaires, situés en arrière-plan. Puis montrez qu'ils s'opposent au bidonville du premier plan et, dans une moindre mesure, au quartier résidentiel intermédiaire qui le jouxte au 2e plan.

ÉTAPE 4 Prélever les informations du document

- **Les territoires intégrés à la mondialisation :** l'arrière-plan est constitué d'une part d'un quartier d'affaires, reconnaissable à ses gratte-ciel et qui abrite les fonctions de commandement de la métropole. On reconnaît d'autre part un vaste espace portuaire, avec sur la gauche de l'image des conteneurs stockés et un entrepôt et, sur la droite, des porte-conteneurs à quai ainsi que d'immenses grues de chargement.
- **Les territoires en marge de la mondialisation :** le premier plan peut également être décomposé en deux. Au tout premier plan, les maisons faites de planches et de toits de tôle caractérisent l'existence d'un bidonville. En arrière, on observe de petits immeubles, logeant sans doute des personnes un peu moins pauvres.

ÉTAPE 5 Introduire et conclure la réponse à l'étude de document

- Inscrivez la photographie dans le contexte de l'accroissement des disparités territoriales dans la mondialisation, entre intégration et marginalisation. Si vous le pouvez, présentez Manille et les Philippines.
- Concluez sur la valeur représentative d'une telle photographie, qui pourrait être prise dans de nombreuses métropoles des pays en développement ou émergents.

Les conseils du prof !

Montrez votre maîtrise de la lecture de paysage en utilisant un vocabulaire approprié : 1er plan, arrière-plan, cadrage, perspective, horizon.

› Je rédige ma réponse

Appuyez-vous sur l'étude de cas de l'Asie du Sud-Est, dont Manille fait partie, pour proposer des explications fines aux contrastes urbains de cette métropole.

HISTOIRE

Je comprends les corrigés

Partie 1

→ p. 32

La signature d'un armistice franco-allemand, le 22 juin 1940, acte une défaite sans précédent de la France. Si l'armée française n'a pas capitulé et laissé aux politiques le soin de négocier avec l'Allemagne nazie et l'Italie fasciste, les Français ressentent un choc profond. C'est tout un pays et ses institutions qui se sont effondrées, comme en témoigne l'historien Marc Bloch dans son ouvrage *Une Étrange Défaite*. Dès lors, la France se trouve placée sous tutelle étrangère, étranglée économiquement et moralement affaiblie. Un régime autoritaire, dirigé par Pétain, se met en place et s'engage dans la voie de la collaboration. Cependant, cette option n'est pas partagée par tous : ainsi, de Gaulle et les premiers résistants refusent la perspective de la défaite et s'engagent dans la poursuite de la guerre. Ils envisagent même une refondation de la République pour la Libération.
Comment évolue la situation de la France après la défaite de mai-juin 1940 et quelles interprétations et réactions sont suscitées par cet effondrement ?
Pour répondre à cette question, nous étudierons dans un premier temps le sens et le contexte de cette défaite. Puis, nous analyserons dans un second temps la mise en place du régime de Vichy et de la collaboration comme des interprétations de cette défaite. Enfin, dans un troisième temps, nous mènerons une réflexion sur l'union progressive des résistances intérieures et extérieures pour libérer le territoire et refonder la République, transcendant ainsi la défaite dans une œuvre positive.

La France et le Royaume-Uni déclarent la guerre à l'Allemagne le 3 septembre 1939, mais les options stratégiques retenues repoussent les débuts des combats : on parle alors de « Drôle de guerre ». Pour la France, les combats débutent réellement avec l'offensive allemande du 10 mai 1940. La manœuvre de contournement effectuée par la Wehrmacht met immédiatement en difficultés les troupes franco-britanniques. La panique gagne les civils, qui se souviennent de l'occupation des territoires du Nord et de l'Est en 1914-1918 : 8 millions de Français fuient l'avancée allemande dans l'« exode ». En cinq semaines, l'armée française est militairement battue : le 14 juin, la capitale est occupée. C'est un choc pour les Français et le Gouvernement semble débordé. Ce dernier est également divisé sur la stratégie à mettre en œuvre : demander un armistice comme le suggère le maréchal Pétain, ou poursuivre la guerre à partir de l'Empire colonial ? Cette option est fermement défendue par le général de Gaulle, sous-secrétaire d'État à la Guerre. Peu connu des Français, il a rédigé de nombreux ouvrages dans l'entre-deux-guerres où il recommande l'usage combiné de l'aviation et des chars. Mais le 16 juin, Reynaud démissionne et est remplacé par Pétain, héros de la bataille de Verdun en 1916, qui refuse de poursuivre les combats depuis l'Empire d'outre-mer qui est intact. Pétain est persuadé qu'il faut arrêter une guerre qui, selon lui, est définitivement perdue pour la France.

> Valorisez les références à l'acteur historique, en étant précis et en expliquant quelles fonctions il a occupées.

Un armistice avec l'Allemagne est signé le 22 juin 1940 à Rethondes. Ses conditions sont très dures : la France est partagée en sept zones, dont une non-occupée ; elle est obligée de livrer les citoyens allemands présents sur son sol et doit se contenter sur le plan militaire d'une armée réduite à 100 000 hommes. Économiquement, elle est contrainte de payer les frais d'occupation exorbitants de 400 millions (puis 300 millions en 1941) de francs par jour. Même si ce n'est pas une clause de l'armistice, elle livre également, sous la contrainte, à l'occupant de nombreuses matières premières qui expliquent les restrictions auxquelles sont soumis les Français. Mais l'armistice se révèle surtout comme un véritable piège : l'administration française doit collaborer avec l'occupant dans les territoires occupés, alors qu'1,8 million de prisonniers sont internés dans des stalags en Allemagne. La France est coupée en deux par une « ligne de démarcation » que les occupants ferment à leur guise, lorsqu'ils veulent faire pression sur le gouvernement français. Enfin, l'Alsace-Moselle est annexée de fait au Reich. La France est donc vassalisée. Face à cette situation, de Gaulle adopte une autre position : il refuse la défaite et fait le choix de la Résistance. Dès lors, deux interprétations de la défaite s'opposent et génèrent des actions radicalement opposées quant à l'avenir de la France.

Pétain pense que la défaite s'explique par un effondrement moral de la France qu'il attribue très largement à la République. Le pays doit donc « expier » sa défaite, comme il l'avait fait après 1871. Le Gouvernement s'installe à Vichy et convoque le Parlement qui se réunit le 10 juillet 1940, accordant les pleins pouvoirs au maréchal Pétain : c'est la fin de la forme républicaine du gouvernement. La défaite se traduit donc politiquement par une forme de « suicide » de la République. Dès le lendemain, Pétain, qui s'intitule « chef de l'État français », met en place un régime autoritaire, antisémite, xénophobe et charismatique, fondé sur le « culte du chef ». Pour organiser une « renaissance française » après la défaite, Pétain et son Gouvernement proposent une « Révolution nationale » fondée sur des valeurs opposées à celles de la République : la nouvelle devise de la France devient « Travail, Famille, Patrie » et le Parlement n'est plus réuni, alors que les partis et les syndicats sont interdits, la presse et la radio censurées. Ce régime est également antisémite et exclut les juifs en adoptant les « Statuts des juifs » en 1940 et 1941. Socialement, le régime issu de la défaite exclue de nombreux Français de la « nation ». Idéologiquement, son interprétation de la défaite définitive conduit Pétain sur la voie de la collaboration, après sa rencontre avec Hitler à Montoire-sur-le-Loir le 24 octobre 1940. Ainsi, des policiers français participent aux arrestations de juifs, comme lors de la « rafle du Vel d'Hiv » en région parisienne en juillet 1942. Par ailleurs, l'occupation de la « Zone Libre » en novembre 1942 met fin à toute subsistance de souveraineté française. En 1943, Vichy crée la Milice, qui se met au service de l'Occupant pour traquer juifs et résistants. La même année, Pierre Laval, chef du Gouvernement, instaure le service du travail obligatoire (STO), destiné à appuyer l'effort de guerre allemand. À partir de janvier 1944, Vichy, dit « de l'État français », se transforme même en un État milicien et fasciste alors que la France traverse une quasi-guerre civile. Mais, face à cet asservissement, les résistances proposent une autre vision de la défaite et de l'avenir.

Il vous sera utile d'établir des liens historiques avec des événements déjà étudiés, comme ici en classe de Première.

Dès le 17 juin 1940, le général de Gaulle refuse l'armistice et se réfugie à Londres. Le 18, il lance un appel sur les ondes de la BBC pour poursuivre le combat aux côtés du Royaume-Uni. Pour lui, la défaite française n'est que temporaire, alors que cette guerre se déroule à une échelle mondiale. Il pense que la France dispose d'atouts importants dans une guerre planétaire où elle pourra jouer un rôle actif. Il invite donc les Français à résister. À Londres, il crée les Forces françaises libres (FFL), embryon d'une armée française qui poursuit le combat. À partir de l'automne 1940, de Gaulle entend incarner l'État républicain et démocratique. La France Libre bénéficie du ralliement de plusieurs colonies françaises, en particulier en Afrique équatoriale. Les FFL participent à différents combats, tel celui de Bir-Hakeim en Libye en 1942 aux côtés des Alliés, renforçant la légitimité de la « France combattante ». En France même, dès l'été 1940, certains Français s'opposent individuellement à l'occupation allemande par des actes de sabotage ou la diffusion de tracts. Progressivement, la Résistance passe de l'individuel au collectif, avec l'apparition des premiers réseaux et des mouvements qui s'organisent à partir de journaux clandestins, tels « Combat », « Libération » Sud et Nord et « Franc-Tireur ». De premiers maquis apparaissent dans les zones de montagnes et se développent à la faveur du STO. Mais combattant à la fois l'occupant et Vichy, les résistances sont divisées et minoritaires, alors que la répression leur porte de rudes coups.

Politiquement, de Gaulle sait qu'il est indispensable de coordonner son action avec celle de la résistance intérieure pour que sa vision de l'avenir apparaisse comme légitime. Il souhaite pour cela unifier les résistances intérieures et son représentant Jean Moulin est chargé de fédérer les différents mouvements : le 27 mai 1943 est créé officiellement le CNR (Conseil national de la Résistance) qui propose un programme ambitieux pour l'avenir, avec d'importantes réformes sociales qui seront appliquées à la Libération. En juin 1944, de Gaulle institue le Gouvernement provisoire de la République française (GPRF) qui regroupe différentes tendances politiques et syndicales et prépare la libération du territoire national et la mise en place d'une nouvelle République. La défaite semble donc oubliée par un audacieux pari sur l'avenir de la France.

Les adverbes sont utiles pour caractériser les différents domaines d'études des conséquences de la défaite et permettre au correcteur de se repérer dans votre démonstration.

Avec les débarquements alliés de Normandie et de Provence, et grâce à l'action des FFL et des résistants, la majeure partie du territoire est libérée. Le 25 août 1944, après le soulèvement de Paris, le général de Gaulle fait une entrée triomphale dans la capitale. Il entend restaurer et refonder la République dans un sens social, tout en rétablissant l'ordre étatique. C'est pour lui un moyen de bannir la défaite et le régime de Vichy.
La défaite, malgré toutes les tragédies qui en ont découlé, a permis à terme de transformer en profondeur la République grâce à des réformes qui lui donnent un sens social. Si le traumatisme est bien présent dans la mémoire collective, l'engagement des résistants permet également à la France de figurer parmi les vainqueurs ; ce qui était loin d'être évident en 1940.

L'ouverture peut insister sur la mise en perspective de la situation de 1940 avec celle de 1944-1945.

GÉOGRAPHIE

Je comprends les corrigés

Partie 1

→ p. 34

La mondialisation, processus d'interdépendance croissante des hommes et des territoires se traduisant par l'augmentation de flux de toutes natures, provoque une inégale intégration territoriale à toutes les échelles : des territoires intégrés s'opposent à des territoires marginalisés. C'est ce que montre cette photographie du paysage urbain de Manille, capitale économique et politique de l'archipel des Philippines, en Asie, et métropole de près de 20 millions d'habitants.

Vous pouvez définir une notion clé du sujet par une apposition, c'est-à-dire en la plaçant entre virgules, pour ne pas interrompre votre phrase. Attention toutefois à ne pas en abuser !

En quoi cette image permet-elle d'analyser les contrastes sociospatiaux provoqués par la mondialisation ?
Pour répondre à cette question, nous observerons d'abord les quartiers intégrés à la mondialisation, à l'arrière-plan, avant de nous pencher sur les quartiers relégués du premier plan.

Manille, métropole d'importance mondiale et nœud de communication en Asie, se caractérise par la présence d'un quartier d'affaire et d'une zone portuaire, territoires intégrés à la mondialisation.

Montrez dans vos phrases titres que vous mobilisez les notions du sujet en les mobilisant.

Les grandes métropoles mondiales, lieux de commandement dotées d'une grande capacité de rayonnement et d'attractivité, disposent toutes d'un quartier d'affaires ou CBD, *Central Business District*, reconnaissable à ses hautes tours. Situé sur la photographie à l'arrière-plan, le quartier de Makati n'échappe pas à la règle. La verticalisation du bâti permet en effet la concentration des sièges sociaux de FTN, d'hôtels et centres de congrès, voire d'immeubles résidentiels réservés aux classes aisées. On y trouve également les principaux espaces commerciaux de la métropole philippine.
L'arrière-plan de l'image nous permet également de repérer la présence d'importantes infrastructures portuaires. Sur la droite, nous distinguons des grues destinées au chargement et déchargement de conteneurs, ainsi que plusieurs porte-conteneurs à quai. Leur présence traduit l'insertion de Manille aux échanges mondiaux, à la fois comme point de départ et de destination de produits de toutes natures. Membre de l'ASEAN, pays émergent, les Philippines s'insèrent dans l'économie régionale comme lieu de la sous-traitance électronique et textile.

Utilisez l'étude de cas sur l'Asie du Sud-Est pour contextualiser le développement de Manille dans la mondialisation.

Il est probable, également, que le port de Manille joue le rôle de hub, car de nombreux conteneurs sont stockés sur la partie gauche de l'espace portuaire, devant ce qui ressemble à un entrepôt. L'archipel philippin est approvisionné par liaisons maritimes (feeders) depuis le port de la capitale, lui-même connecté au reste du monde.
Au premier plan, le bidonville traduit l'existence de territoires marginalisés dans la métropole de Manille.

Le type de bâti, avec planches et toits de tôle, mais aussi son lieu d'implantation, à moitié sur l'eau, caractérisent un bidonville. Ce type de quartier informel et insalubre occupe les interstices urbains, au plus proche des lieux d'activité que sont le port et le CBD. Les habitants y souffrent de relégation sociale et spatiale, même si leurs emplois, souvent précaires et informels, sont indispensables au fonctionnement métropolitain (agents d'entretien et de sécurité, ouvriers, vendeurs ambulants, pêcheurs...).
Au-delà du bidonville, au premier plan, nous distinguons des immeubles plus hauts et des logements en dur, signes qu'ils abritent des gens moins pauvres. Il peut s'agir de commerçants, d'employés, de petits fonctionnaires dont la vie se déploie également à l'échelle métropolitaine.

Ainsi, comme de nombreuses métropoles de pays émergents, Manille conjugue quartiers insérés et quartiers relégués dans la mondialisation, mais les deux sont connectés et reliés par des flux de toutes natures.

SUJET 4

20 pts — 2H

PARTIE 1 10 pts — 1 h

Question problématisée

Géographie

PARTIE 2 10 pts — 1 h

Analyse de document

Histoire

Partie 1 Question problématisée 10 pts 1 H → Corrigé p. 47

› En quoi mers et océans sont-ils au cœur de la mondialisation économique ?

Par étapes

ÉTAPE 1 Repérer les mots-clés

- **Mondialisation :** mise en relation étroite des différentes parties du monde, que ce soit pour la circulation des hommes, des marchandises de l'information ou des capitaux.
- **Maritimisation :** processus qui s'accélère depuis les années 1970, de glissement des activités productives vers les régions côtières, en relation avec l'accroissement des échanges internationaux par voie maritime.

ÉTAPE 2 Comprendre le sujet et mobiliser ses connaissances

- Il s'agit de dégager le contexte géographique et les limites spatiales du sujet pour trouver des axes qui constitueront l'armature du plan.
- Mers et océans occupent une place importante pour l'humanité, tant dans la fourniture de ressources que pour la circulation des biens et des hommes.
- Les ressources tirées de la mer sont très variées : alimentaires, énergétiques (renouvelables ou non…) biochimiques, paysagères, etc.
- On assiste à une maritimisation de l'économie : routes maritimes, façades maritimes. Désormais, le niveau d'insertion des territoires dans la mondialisation est fonction du degré de maritimisation de leur économie.

ÉTAPE 3 Construire un plan

- Analysez les termes de la question problématisée lors de cette étape, replacez-les dans leur contexte géographique (dégagez les cadres spatiaux et les différentes échelles). Ici c'est l'échelle mondiale qui doit être privilégiée. L'expression « au cœur de » signifie qu'elle en est le centre mais aussi qu'elle permet la vie (l'existence de la mondialisation).
- Pour construire le plan, regroupez les idées par grands thèmes (2 ou 3 thèmes) qui seront les grandes parties de réponse. Un thème peut s'organiser autour des ressources nombreuses des mers et océans. Un second pourra décrire l'actuelle maritimisation de l'économie et le dernier pourra s'attacher à décrire le rôle joué par les mers et océans dans l'intégration des territoires à la mondialisation.

ÉTAPE 4 Rédiger l'introduction au brouillon

- L'introduction doit permettre de situer spatialement le sujet abordé et de l'expliquer. En accroche, introduisez le grand thème de la question, ici mers et océans, par exemple en utilisant un élément d'actualité en lien avec le sujet ou bien en le situant dans un contexte plus général.
- L'annonce du sujet de la question problématisée est ensuite l'occasion de donner une définition sommaire des notions ou termes spécifiques.
- Enfin, annoncez le plan choisi en présentant les grandes idées directrices qui forment les grandes parties du plan.

ÉTAPE 5 Rédiger la conclusion au brouillon

- La conclusion qui termine le devoir doit montrer que le sujet a bien été compris et traité. Elle doit être rédigée en même temps que l'introduction.
- Elle comporte deux étapes :
  – la réponse à la question problématisée : mers et océans sont au cœur de la mondialisation économique puisqu'une maritimisation de l'économie s'est créée ;
  – l'ouverture doit permettre de changer d'échelle ou d'aire géographique tout en montrant que le sujet s'insère dans un cadre plus large.

ÉTAPE 6 Rédiger le développement directement sur votre copie

- Recopiez au propre l'introduction puis rédiger directement sur la copie le développement.
- Une fois la rédaction du développement terminée, il suffit de recopier la conclusion (entièrement rédigée au brouillon).

› Je rédige ma réponse

Les conseils du prof !

L'introduction doit être particulièrement soignée puisqu'elle est le premier « contact » du correcteur avec votre travail.

Illustrez vos idées par des exemples précis tirés des études de cas faites en classe (un lieu, un acteur, un chiffre, un élément d'actualité).

Partie 2 Analyse de document 10 pts 1 H → Corrigé p. 48

› En vous aidant du document, vous expliquerez les objectifs et le fonctionnement de l'ONU et examinerez la solution proposée pour l'indépendance de la Palestine.

DOC. L'ONU propose un partage de la Palestine (29 novembre 1947)

« L'Assemblée générale, [...]
Considère que la situation actuelle de la Palestine est de nature à nuire au bien général et aux relations amies entre les nations ;
Prend acte de la déclaration de la puissance mandataire, par laquelle celle-ci fait connaître qu'elle se propose d'achever l'évacuation de la Palestine pour le 1er août 1948 ;
Recommande au Royaume-Uni, en tant que Puissance mandataire1 pour la Palestine, ainsi qu'à tous les autres États membres de l'Organisation des Nations unies, l'adoption et la mise à exécution du plan de partage avec union économique exposé ci-dessous :

Demande
a) que le Conseil de sécurité prenne les mesures nécessaires prévues dans le plan pour sa mise à exécution ; [...]
c) Que le Conseil de sécurité considère comme menace contre la paix, rupture de paix ou acte d'agression, conformément à l'article 39 de la Charte, toute tentative visant à modifier par la force le règlement prévu par la présente résolution ; [...]
3. Les États indépendants arabe et juif ainsi que le régime international particulier prévu pour la Ville de Jérusalem dans la troisième partie de ce plan commenceront d'exister en Palestine deux mois après que l'évacuation des forces armées de la puissance mandataire aura été achevée et, en tout cas, le 1er octobre 1948 au plus tard. Les frontières de l'État arabe, de l'État juif et de la Ville de Jérusalem seront les frontières indiquées aux deuxième et troisième parties ci-dessous. [...]
10. L'Assemblée constituante de chaque État élaborera une constitution démocratique pour cet État et choisira un gouvernement provisoire [...]. »

Résolution 181 de l'Assemblée Générale de l'ONU.

1. Mandataires : Forme de colonisation attribuée pour un temps limité.

Par étapes

ÉTAPE 1 Comprendre et analyser le sujet

- Si le document porte sur le cas particulier du partage de la Palestine entre Arabes et Juifs en 1947 (deuxième partie de la consigne), il permet au passage de comprendre le fonctionnement de l'ONU (première partie). Les connaissances attendues sont donc nombreuses.
- **Identifiez les mots-clés :**
  ONU : Organisation des Nations unies, destinée au maintien de la paix dans le monde.
  Assemblée générale : réunion annuelle des membres ou actionnaires d'une société, association ou organisation, prévue par les statuts de celle-ci.
  Conseil de sécurité : organisme exécutif des Nation unies, en charge du maintien de la paix et de la sécurité internationale.
  Palestine : désigne la région géographique du Proche-Orient, aujourd'hui occupé par Israël, ainsi que l'État revendiqué par les Palestiniens, reconnu comme État observateur non-membre de l'ONU.
  Sionisme : mouvement politique et religieux, visant à l'établissement puis à la consolidation d'un État juif en Palestine.

ÉTAPE 2 Identifier les documents

- Le document est d'ordre juridique (droit international), c'est une décision (résolution) de l'Assemblée **générale** de l'ONU, c'est-à-dire de l'ensemble de ses États-membres pour proposer une solution à un conflit.
Il s'agit ici de la question de l'indépendance de la Palestine britannique pour laquelle l'ONU propose, le 29 novembre 1947, un partage en deux États.

ÉTAPE 3 Retrouver les axes du sujet et former un plan

- La consigne vous incite à organiser votre étude en deux temps, à commencer par parler en général des objectifs et du fonctionnement de l'ONU avant d'expliquer plus précisément un conflit : le conflit israélo-arabe sur la question de l'indépendance de la Palestine.

ÉTAPE 4 Prélever les informations du document

- Le document cite l'Assemblée **générale et le Conseil de sécurité, il fait aussi référence à la question du maintien de la paix.**
- Il décrit la situation de la Palestine (le « Royaume-Uni, en tant que Puissance mandataire ») et propose « un plan de partage » créant deux États (points 3 et 10), aux « frontières » délimitées mais avec une « union économique ». On notera aussi le cas particulier de Jérusalem.

ÉTAPE 5 Introduire et conclure

- **L'introduction** devra préciser le contexte de création de l'ONU, pour la première fois mobilisée dans la question de Palestine, mais aussi lier les deux éléments : comment l'ONU utilise-t-elle ses moyens pour résoudre la question tendue de l'indépendance de la Palestine en 1947 ?
- **La conclusion** pourra ouvrir sur l'échec du plan et l'éclatement du conflit en mai 1948, montrant ainsi les limites de l'action de l'ONU.

› Je rédige ma réponse

Les conseils du prof !

Vous pouvez mobiliser un schéma peut-être vu en cours sur le fonctionnement de l'ONU, la « Charte » renvoyant à celle de San Francisco en 1945, créant l'ONU et fixant

Le point de passage sur la Palestine permet de solliciter des connaissances précises pour expliquer la situation en novembre 1947 et expliquer le sionisme.

Lorsque vous citez le document, vous pouvez faire référence à un numéro de paragraphe plutôt que de recopier son contenu en entier.

GÉOGRAPHIE

Je comprends les corrigés

Partie 1 → p. 42

Mers et océans occupent plus de 71 % de la surface du globe et contribuent à la mondialisation du fait de l'intensification de trafic maritime. En quoi mers et océans sont-ils au cœur de la mondialisation économique ? Pour traiter la question, nous verrons d'abord que mers et océans sont stratégiques du fait de leurs ressources. Puis nous montrerons que mers et océans sont à l'origine de la maritimisation de l'économie mondiale et, enfin, nous verrons qu'ils déterminent en partie le degré d'insertion dans la mondialisation.

Les ressources sont d'abord halieutiques (pêche et l'aquaculture) et elles sont en constante augmentation. Les richesses des océans ne sont pas qu'halieutiques : en effet, les ressources biochimiques destinées à l'utilisation dans l'industrie pharmaceutique ou cosmétique se développent de plus en plus, tout comme la prospection de ressources énergétiques fossiles, qui est en pleine expansion. Dans le domaine des énergies renouvelables, on assiste au développement d'installations marémotrices, houlomotrices et hydroliennes, tout comme le développement d'éoliennes en mer.

> Définissez les termes dès le premier paragraphe.

Les paysages maritimes constituent eux aussi une ressource exploitée de longue date puisque le tourisme de masse est essentiellement balnéaire. Et aujourd'hui s'ajoute le tourisme en mer du fait du l'essor des croisières.

> Donnez des exemples précis de type d'énergie.

Mers et océans sont les vecteurs essentiels de la mondialisation, c'est-à-dire qu'ils la rendent possible. Les échanges internationaux, les circulations des hommes et des marchandises s'effectuent pour l'essentiel grâce aux océans. Il en est de même pour les flux d'Internet transmis grâce à des câbles sous-marins.
Cela crée des routes maritimes, véritables couloirs de passage empruntés par les navires. Ces routes doivent s'adapter aux points de passage contraignants comme les détroits. Les grandes routes maritimes relient les principales façades et les grands ports. Elles traversent l'Atlantique et le Pacifique.

En fonction de leur situation géographique, les littoraux sont inégalement intégrés à la mondialisation. À l'échelle mondiale, les façades maritimes qui concentrent les ports, les usines, les activités en lien avec les marchandises importées ou exportées, s'étirent sur plusieurs dizaines voire centaines de kilomètres sur le littoral : elles sont les territoires centraux des espaces maritimes. On distingue trois grandes façades maritimes : la façade atlantique des États-Unis, la façade orientale de l'Asie pacifique et la Northern Range européenne.

> Localisez les phénomènes évoqués.

Tous les territoires littoraux à quelques exceptions près parviennent, grâce à leurs activités en lien avec la mer, à s'intégrer à la mondialisation.

Les mers et océans, de par leur richesse, jouent un rôle crucial dans la mondialisation économique : on parle de maritimisation de l'économie. Cependant, l'utilisation de ces mers et océans soulève de nombreux enjeux environnementaux et géostratégiques.

Partie 2 → p. 44

Après leur victoire en 1945, les vainqueurs de la Seconde Guerre mondiale fondent l'Organisation des Nations unies pour organiser le nouvel ordre mondial et pacifier les relations internationales. L'ONU se saisit des tensions et conflits qui peuvent émerger pour proposer des solutions, comme c'est le cas pour l'indépendance de la Palestine à travers la résolution 181 prise le 29 novembre 1947 par l'Assemblée générale pour tenter de construire la paix entre les différentes communautés après le départ des Britanniques.

> Une problématique n'est pas nécessairement une question.

La résolution a été adoptée par l'Assemblée générale, c'est-à-dire par l'ensemble des États-membres, chacun ayant une voix dans les discussions – à l'époque l'ONU ne rassemble que les vainqueurs, ils sont 51 fondateurs à la Charte de San Francisco le 26 juin 1945. La Charte, citée à plusieurs reprises dans le texte, invoque le respect des droits de l'homme et fixe l'objectif du maintien de la paix (le texte mentionne cette préoccupation à plusieurs reprises : ne pas « nuire au bien général et aux relations amies entre les nations », refus de l'usage de la « force » (point c.) pour imposer une autre solution, ce qui serait « une rupture de la paix ». Le texte donne mission de vérifier l'application de ses décisions au « Conseil de sécurité ». Celui-ci est un comité restreint, composé alors de 11 membres, 6 tournants tous les deux ans mais 5 permanents, les cinq pays considérés comme les principaux vainqueurs et puissances. Parmi elles se trouvent les États-Unis et l'URSS qui, malgré leur rivalité naissante (nous sommes au début de la guerre froide), semblent encore d'accord sur le sujet.

> Les termes allusifs (« Charte ») doivent être expliqués avec des connaissances précises.

> Faites référence au contexte plus général de cette année 1947.

Le conflit examiné ici porte sur l'indépendance de la Palestine. Ce territoire est sous mandat britannique ; le « Royaume-Uni, en tant que Puissance mandataire », lui-même membre du Conseil de sécurité, a fait appel à l'ONU pour résoudre la question de son départ. Il est prêt à quitter le territoire (« elle se propose d'achever l'évacuation de la Palestine pour le 1er août 1948 ») mais n'arrive pas à mettre d'accord les deux populations qui y résident, Arabes et Juifs – ces derniers en grande partie issus de l'émigration sioniste qui préconisait le retour sur l'antique terre des Hébreux face aux persécutions, celles-ci ayant culminé dans la Shoah. L'ONU propose donc de créer deux États, un arabe et un juif, tout en délimitant précisément les frontières de chacun d'eux (point 3) et en maintenant une « union économique » pour ces deux futurs petits États. La ville de Jérusalem, comme le rappelle le point 3, est mise à part : attribuée à aucun des deux États, elle devient ville internationale sous juridiction de l'ONU. Les deux États doivent être démocratiques (point 10) en application des principes des droits de l'homme qui fondent l'ONU.

> Citez quelques passages du texte.

Le plan de partage fut accepté par les Juifs mais rejeté par les Arabes. Lorsqu'Israël proclame son indépendance le 14 mai 1948, la guerre éclate immédiatement et l'ONU ne peut l'empêcher, ce qui montre aussi les limites de son action.

SUJET 5

20 pts 2H

PARTIE 1 Question problématisée 10 pts 1 H → Corrigé p. 55

› Les crises de la guerre froide illustrent-elles la logique de l'affrontement américano-soviétique ?
À travers les exemples de quelques crises vues en cours, vous montrerez qu'on y voit à l'œuvre autant l'affrontement de puissances que de modèles idéologiques.

Par étapes

ÉTAPE 1 Repérer les mots-clés

- **Affrontement de puissance :** rivalité géopolitique pour le contrôle de territoires.
- **Modèle idéologique :** forme d'organisation politique et sociale d'un pays adoptée ou imposée dans plusieurs pays.
- **Guerre froide :** affrontement indirect qui se manifeste par des crises répétées.

ÉTAPE 2 Comprendre et analyser le sujet

- Vous devrez vous attacher à expliquer des crises vues en cours en évitant deux écueils : vous contenter de les décrire factuellement (les événements) et/ou de réciter des généralités sur la guerre froide. Les différents aspects de cet affrontement (puissances, modèles) doivent être examinés à chaque crise décrite. Vous pouvez donc privilégier un plan chronologique.

ÉTAPE 3 Mobiliser ses connaissances

- **Crises allemandes :** blocus de Berlin (1948-49), mur de Berlin (1961).
- **Crises asiatiques :** guerre de Corée (1950-53), guerre du Vietnam (1964-1975).
- **Crise de Cuba (1962)**
- **Division de pays en deux États** (RFA/RDA, Corées Nord/Sud, Vietnam Nord/Sud) selon les modèles (communisme/démocratie ou régime autoritaire mais anti-communiste).

ÉTAPE 4 Construire un plan

- La consigne peut vous inciter à traiter la question des puissances d'un côté, des modèles de l'autre. Or chaque crise recèle les deux aspects de l'affrontement, il vaut mieux donc choisir un **plan chronologique** qui suit celui des phases de la guerre froide et y examine des exemples précis de crises.

ÉTAPE 5 Rédiger l'introduction au brouillon

- **L'introduction** permet de définir la guerre froide, avant de préciser qu'on en examinera les aspects principaux par l'exemple des crises.

ÉTAPE 6 Rédiger la conclusion au brouillon

- **La conclusion** peut être un résumé qui confirme la problématique proposée, vous pouvez ouvrir sur le fait qu'en parallèle, quelques crises et conflits échappaient aussi, partiellement, à la logique bipolaire tels que la question de Palestine.

ÉTAPE 7 Rédiger le développement directement sur votre copie

- Prenez les temps de relire l'ensemble de votre travail.

Les conseils du prof !

› Je rédige ma réponse

Les crises mobilisables ici sont nombreuses, détaillées. Il faut faire un brouillon efficace, rapide, non rédigé.

Ne tombez pas dans une récitation des faits chronologiques qui consisteraient à « raconter » les différentes crises : il faut tirer des idées générales qui doivent être explicites dans votre propos.

Utilisez des mots de liaison pour passer d'un paragraphe, d'une idée, d'un sous-thème à l'autre (« Puis », « Toutefois », « Enfin »...).

Partie 2 Réalisation d'une production graphique 10 pts 1 H → Corrigé p. 56

› À partir du texte, vous construirez, à l'aide du fond de carte fourni, un croquis correspondant au sujet suivant : les Caraïbes entre tensions, coopération et intégration régionales.
L'analyse du document constitue le cœur de votre travail mais nécessite, pour être menée, la mobilisation de vos connaissances.

DOC. L'espace Caraïbe

« Les îles de la Caraïbe sont ouvertes sur l'espace mondial. Les territoires insulaires les mieux intégrés à la mondialisation bénéficient de la présence de pôles urbains majeurs (Santo Domingo, San Juan, La Havane) et/ou de ports (Freeport, Kingston). Néanmoins, les principales métropoles caraïbes (Miami, Panama, Carthagène) et les ports les plus actifs (Miami, Colon, Balboa), sont plutôt localisés sur les littoraux des États-Unis et d'Amérique latine. Ces centres d'impulsion polarisent les flux migratoires vers l'Amérique du Nord et l'Europe. Parallèlement, les pays développés sont des foyers émetteurs de touristes vers Cuba, la République dominicaine, Porto Rico et les Petites Antilles. La proximité du canal de Panama fait de la Caraïbe une importante zone d'échange de marchandises.
Cependant, les îles de la Caraïbe sont inégalement ouvertes au monde, ce qui alimente les inégalités régionales. Les Petites et Grandes Antilles, tout comme la plupart des pays riverains de la mer des Caraïbes, bénéficient de niveaux de développement élevés à très élevés, à l'exception de Haïti qui souffre d'un IDH faible. La plupart des pays d'Amérique centrale (Guatemala, Honduras, Nicaragua, Salvador), de même que le Guyana, occupent une situation intermédiaire.
L'intégration régionale repose sur différentes formes de coopération, tout en se heurtant à certaines tensions. L'Association des États de la Caraïbe vise à harmoniser les politiques économiques et environnementales dans la région : elle regroupe l'ensemble des îles des Antilles ainsi que les pays latino-américains riverains de la Caraïbe. La zone de libre-échange de la CARICOM, qui favorise l'intégration commerciale régionale, rassemble surtout d'anciennes colonies britanniques, mais aussi Haïti. Néanmoins l'influence des États-Unis, matérialisée par la présence de nombreuses bases militaires, s'avère source de tensions. Les États membres de l'Alliance bolivarienne pour les Amériques, menés par Cuba et le Venezuela, dénoncent l'impérialisme de leur puissant voisin. »

Par étapes

ÉTAPE 1 Comprendre et analyser le sujet

- La consigne vous invite à réaliser une carte traitant des processus de tensions, coopération et intégration régionale dans l'espace Caraïbe. Vous devez donc montrer quels sont les facteurs et formes de tension, et les processus de coopération et intégration régionale susceptibles d'y répondre.
- **Identifiez les mots-clés :**

  Tensions : oppositions ou disparités entre acteurs ou entre territoires.

  Coopération régionale : alliance entre plusieurs États pour peser davantage dans l'espace mondial et bénéficier des effets de complémentarités locales et de solidarité entre les pays membres.

  Intégration régionale : processus de renforcement des relations entre des territoires plus ou moins éloignés.

ÉTAPE 2 Retrouver les axes du sujet et former un plan de légende

- L'intitulé du sujet permet de retrouver les deux axes de la légende. **Les tensions**, conséquences des disparités économiques et sociales, mais aussi des rivalités politiques entre les pays de la région, correspondent au 1er axe. **Les processus de coopération** voire d'intégration régionale, qui reposent à la fois sur des échanges et sur des accords commerciaux, forment le second.

ÉTAPE 3 Prélever les informations du texte d'appui et construire sa légende

- Le texte fait référence aux différentes formes de tension de la région. Les inégalités régionales se traduisent par la présence de lieux intégrés (villes et ports) qui peuvent apparaître par des figurés ponctuels, et des contrastes de développement représentés par des figurés de surface. L'influence des puissances comme les États-Unis et, dans une moindre mesure, les anciennes puissances coloniales qui contrôlent toujours une partie de l'archipel caribéen, peuvent se décliner sous la forme de figurés ponctuels ou linéaires.
- Les processus d'intégration régionale se traduisent par la multiplication des flux, qu'on représente sous la forme de flèches, dont la forme et/ou la couleur varieront selon leur nature. Il n'y a pas assez d'indications de quantités pour en moduler la taille. Vous pouvez appliquer un traitement graphique spécifique aux noms des pays membres des organisations de coopération régionales (entourés, soulignés…) pour les identifier.

ÉTAPE 4 Mobiliser et classer les connaissances indispensables

- **Les formes de tension de l'espace Caraïbe :** territoires intégrés (ports et métropoles), centres d'impulsion, contrastes de développement, IDH (élevé, moyen, faible), impérialisme, anciennes puissances coloniales, États-Unis, bases militaires.
- **Processus d'intégration et organisation de coopération régionale :** flux de touristes, flux migratoires, flux de marchandises, Association des États de la Caraïbe, CARICOM, Alliance bolivarienne pour les Amériques (ALBA).

ÉTAPE 5 Réaliser la production graphique

- Créez un dégradé de couleurs pour traduire l'inégal développement des États de la région.
- Choisissez des couleurs contrastées pour représenter les types de flux, de manière à bien les différencier selon leur nature.
- Soyez précis dans votre nomenclature et, si vous le pouvez, allez au-delà des localisations fournies par le texte.

› Je réalise ma production graphique

Titre : ....

Les conseils du prof !

Après avoir identifié les deux parties de la légende grâce à la consigne, vous devez retrouver dans le document les contenus à transformer en figurés.

Appuyez-vous sur les notions du chapitre et l'étude de cas sur la Caraïbe. Les indications de lieu vous permettront de placer vos figurés.

CORRIGÉS

HISTOIRE

Je comprends les corrigés

Partie 1 → p. 50

À partir de 1947, l'alliance entre les deux grands vainqueurs de la guerre, États-Unis et URSS, fait place à un affrontement ouvert, chacun cherchant classiquement à imposer sa puissance mais aussi son modèle idéologique, communisme ou démocratie libérale. Mais la possession de l'arme nucléaire par les deux Grands pousse à un affrontement indirect qui se manifeste par des crises. En quoi ces crises reflètent-elles tout de même l'affrontement à la fois de puissances et de modèles ? Les crises de la guerre froide sous Staline comme celles sous ses successeurs peuvent être violentes et diviser des pays

Le premier terrain d'affrontement se situe en Europe où Staline parvient à imposer le communisme dans les pays de l'Est. L'Allemagne, occupée par les quatre vainqueurs, devient un enjeu géopolitique majeur. Cherchant à chasser les armées alliées de Berlin-Ouest, Staline en ordonne le blocus en juin 1948, espérant prendre ensuite le contrôle de tout le pays. Refusant de céder, les États-Unis organisent un pont aérien qui dure jusqu'en mai 1949. L'Allemagne reste partagée entre les deux blocs, avec la création en 1949 de deux États : la RFA qui adopte le modèle de la démocratie libérale, et la RDA représentant l'Allemagne communiste souhaitée par Staline.

En Asie, la Corée est divisée en deux zones d'occupation entre les deux Grands en 1945. Deux États y sont fondés, la Corée du Sud au régime autoritaire mais pro-américain, et la Corée du Nord, stalinisée. Celle-ci attaque le Sud en juin 1950 pour réunifier le pays. Les États-Unis obtiennent de l'ONU d'intervenir militairement avec leurs alliés occidentaux, déclenchant une riposte indirecte des Soviétiques qui s'appuient sur leur bloc, envoyant des « volontaires » chinois. L'affrontement entre les deux blocs a fait craindre une troisième guerre mondiale mais s'achève en juillet 1953 après la mort de Staline, maintenant deux États coréens aux modèles différents.

> Vous êtes en histoire, il faut bien entendu situer précisément dans le temps les crises auxquelles vous vous référez.

Dans les deux cas on voit bien que l'enjeu du contrôle des territoires se double de la volonté d'imposer ou d'empêcher d'imposer un modèle idéologique, communisme de Staline contre « endiguement » américain du communisme.

> Votre note dépendra de votre capacité à mobiliser le vocabulaire historique.

Le successeur de Staline, Khrouchtchev, prône un dégel de la relation avec les États-Unis. Cela n'empêche pas la rivalité de se poursuivre sur les terrains de la puissance comme des modèles et de se traduire par de nouvelles crises. Ainsi, en août 1961, les autorités de la RDA obtiennent l'autorisation de l'URSS de construire un mur à Berlin pour séparer l'est et l'ouest de la ville – qui se prolonge par une fortification de toute la frontière avec la RFA. La RDA veut arrêter les départs massifs de ses citoyens (près de 3 millions en 12 ans) fuyant le modèle stalinien. Les États-Unis ne peuvent empêcher ce cloisonnement territorial mais l'utilisent pour démontrer la supériorité de leur modèle. La crise de Cuba met en jeu plutôt le contrôle des territoires, cette île au large des États-Unis acceptant d'accueillir en 1962 des missiles soviétiques. Mais cela a été rendu possible parce que Cuba, avec la révolution de Fidel Castro en 1959, a basculé de l'alliance américaine vers le bloc soviétique, adoptant le modèle communiste et modifiant le tracé des blocs jusque-là favorable aux Américains.Enfin, l'Asie est le théâtre d'une nouvelle guerre qui met en jeu les frontières et les modèles. Après l'indépendance de l'Indochine en 1954, le Vietnam a été partagé entre un Nord communiste dans le bloc soviétique, et un Sud au régime autoritaire mais pro-américain. Quand le Nord soutient une rébellion communiste au Sud pour réunifier le pays, les États-Unis viennent en soutien direct pour endiguer de nouveau le communisme et s'engagent puis s'enlisent dans une guerre dont ils se retirent en 1973, ouvrant la voie à une réunification du Vietnam par les communistes.

> Soignez vos transitions d'une partie à l'autre, en concluant une partie et/ou en introduisant la suivante, pour mieux les lier.

Toutes ces crises ont bien montré que l'enjeu pour les deux Grands était à la fois d'exercer leur influence partout dans le monde et d'y diffuser le modèle communiste ou de l'endiguer. Durant cette période, toutes les crises ne sont pas nécessairement des crises de guerre froide même si les deux Grands peuvent s'y impliquer pour des raisons de puissance surtout (ex. les guerres israélo-arabes).

GÉOGRAPHIE

Partie 2 → p. 52

Les Caraïbes entre tensions, coopération et intégration régionales

1. Une région traversée par différentes formes de tensions

- Des tensions entre territoires intégrés et territoires relégués
  - ● Principaux pôles urbains
  - ▼ Principaux ports
  - IDH élevé à très élevé
  - IDH moyen
  - IDH faible
- Des tensions géopolitiques liées aux puissances régionales et aux anciennes puissances coloniales
  - ■ Bases militaires américaines
  - Territoires sous le contrôle de pays européens ou des États-Unis

2. Des processus d'intégration régionale nourris par les flux et les organisations de coopération régionale

- Flux migratoires
- Association des États de la Caraïbe
- CUBA États membres de la CARICOM
- GRENADE États membres de l'Alliance bolivarienne pour les Amériques

Faites un dégradé de couleur simple (rouge, orange, jaune par exemple) pour faciliter la lecture de la carte.

Vous pouvez superposer un figuré hachuré et un figuré de surface.

SUJET 6

20 pts · 2H

Partie 1 Question problématisée 10 pts 1 H → Corrigé p. 63

› Dans quelle mesure la France est-elle une puissance maritime originale ?

Par étapes

ÉTAPE 1 Repérer les mots-clés

- **Économie maritime :** économie reposant sur l'ensemble des activités liées aux océans, mers et côtes, allant du secteur primaire (pêche, aquaculture), secondaire (industries agro-alimentaires, construction navale ou énergie) au secteur tertiaire (transport, commercialisation des produits de la mer, etc.).
- **Marine nationale** : une des quatre composantes des forces militaires françaises, et la 4e du monde en capacité opérationnelle.
- **Puissance maritime :** capacité d'un État à s'imposer grâce à son action sur les espaces maritimes associant ainsi des enjeux économiques, géostratégiques et environnementaux.

ÉTAPE 2 Comprendre et analyser le sujet

- Définissez les mots du sujet, ici la France, en précisant l'originalité des possessions ultramarines et le terme de puissance maritime.
- Analysez les termes de la question problématisée, replacez-les dans leur contexte géographique. Ici c'est l'espace mondial qui doit être abordé puisque la France est présente sur tous les océans.
- L'adjectif « originale » désigne ce qui est authentique (par opposition à une copie) mais aussi ce qui est unique en son genre, qui sort de l'ordinaire. Il s'agit donc de montrer cette spécificité de la puissance maritime française avec ses atouts et ses faiblesses.

ÉTAPE 3 Mobiliser ses connaissances

- La France possède un vaste espace maritime qui constitue en partie son originalité. Il faut utiliser les termes de DROM, COM, zone économique exclusive, et domaine maritime.
- La France est une véritable puissance maritime. Il faut développer les thèmes autour de l'économie maritime (EMR, pêche, transport construction navale, exploitations offshore, biotechnologies, cluster maritime), mais aussi le rôle de la marine nationale (garantir la souveraineté nationale, surveillance, lutte contre la piraterie) et le rayonnement maritime de la France et son aire marine protégée.
- Cependant il faut nuancer cette apparente réussite. Il faut évoquer la relative faiblesse de cette puissance maritime (ports français secondaires à l'échelle européenne et mondiale, pêche sous-valorisée, marine nationale rattrapée et dépassée par la marine chinoise, territoires ultramarins qui restent en marges de la mondialisation et un rayonnement dans le domaine environnemental.

ÉTAPE 4 Construire un plan

- Construisez le plan détaillé en regroupant les idées par thème (il en faut 2 ou 3) qui seront les grandes parties de réponse.
- Un thème peut s'organiser autour de la description des espaces maritimes que la France contrôle et qui font son originalité. Puis, analysez ce qui constitue la puissance maritime de la France (les atouts) et enfin les faiblesses, puisque la question invite à nuancer sur cette puissance.

ÉTAPE 5 Rédiger l'introduction au brouillon

- **L'introduction** doit présenter le sujet abordé ; elle permet de le situer spatialement et de l'expliquer. Elle comporte trois étapes :
  - **l'accroche** : elle permet d'introduire le grand thème de la question, ici la puissance maritime de la France ;
  - **l'annonce** du sujet de la question problématisée avec une définition sommaire des notions ou termes spécifiques. Il suffit de reprendre la question du sujet ;
  - **l'annonce** du plan choisi en présentant les grandes idées directrices qui forment les grandes parties du plan.

ÉTAPE 6 **Rédiger la conclusion au brouillon**

- La conclusion, qui termine le devoir, doit montrer que le sujet a bien été compris et traité. Elle doit être rédigée en même temps que l'introduction. Elle comporte deux étapes :
  – la réponse à la question problématisée : finalement, quels sont les éléments de force et de faiblesse de la puissance maritime française ?
  – l'ouverture : elle doit permettre de changer d'échelle ou d'aire géographique mais montrer que le sujet s'insère dans un cadre plus large : c ette puissance maritime permet à la France d'asseoir sa position de puissance à vocation mondiale.

ÉTAPE 7 **Rédiger le développement directement sur votre copie**

- Prenez les temps de relire l'ensemble de votre travail.

› Je rédige ma réponse ....

....

....

....

....

....

....

....

....

....

....

....

....

....

....

....

....

....

....

....

Les conseils du prof !

En introduction, vous pouvez utiliser « dans une première partie nous étudierons, etc. », ou bien utiliser des connecteurs logiques comme « tout d'abord, ensuite, enfin ».

Comme la question du sujet est très courte, il faut expliciter correctement l'interrogation « dans quelle mesure ».

Illustrez vos idées par des exemples précis (un acteur, un territoire ultramarin, une situation, un chiffre).

Partie 2 Analyse de document 10 pts 1 H → Corrigé p. 64

› Vous expliquerez, à l'aide du document, le passage de la IVe à la Ve République en précisant le contexte de crise politique de l'année 1958.

DOC. De Gaulle, une solution à la crise de la IVe République ?

« La IVe République périt de ses propres fautes. Ce régime disparaît parce qu'il n'a pas su résoudre les problèmes auxquels il était confronté. [...] Le "système" que le général de Gaulle a si souvent critiqué et qui méritait, en effet, bien des critiques, a échoué. Mais ce n'est pas la République, ce n'est même pas le système parlementaire qui méritent d'être condamnés. Seul, le mauvais usage qui en a été fait nous a réduits à l'impuissance et nous a conduits à tant de déconvenues. [...]
Quoiqu'il en coûte aux sentiments que j'éprouve pour la personne et pour le passé du général de Gaulle, je ne voterai pas en faveur de son investiture ; et il n'en sera ni surpris, ni offensé. Tout d'abord, je ne puis admettre de donner un vote contraint par l'insurrection et la menace d'un coup de force militaire. [...] Car enfin, ce gouvernement, qui nous l'impose ? Hélas ! ce sont les mêmes hommes qui, dans le passé, ont fait échouer toutes les tentatives de règlement raisonnable et humain en Afrique du Nord, qui ont rendu la guerre inévitable, l'ont orientée vers la répression sans issue politique, ont joué sur les nerfs d'une population européenne affolée, et exultent en ce moment parce qu'ils se flattent d'avoir porté le général de Gaulle au pouvoir. [...]
Puisse l'Histoire dire un jour que de Gaulle a éliminé le péril fasciste, qu'il a maintenu et restauré les libertés, qu'il a rétabli la discipline dans l'administration et dans l'armée, en un mot qu'il a consolidé et assaini la République. Alors, mais alors seulement, le général de Gaulle incarnera la légitimité. »

Extrait du discours de Pierre Mendès France lors du débat d'investiture du général de Gaulle, le 1er juin 1958. Journal officiel des débats de l'Assemblée nationale.

Par étapes

ÉTAPE 1 Comprendre et analyser le sujet

- Le texte permet d'examiner le double contexte de crise de 1958 : une crise des institutions républicaines qui conduit à un changement de Constitution, la crise algérienne qui sert de déclencheur au changement.
- **Identifiez les mots-clés :**
  République parlementaire : forme de République où le pouvoir législatif (Parlement) domine.
  Investiture : procédure nécessitant l'accord du Parlement pour la nomination du président du Conseil (chef du Gouvernement).

ÉTAPE 2 Identifier le document

- Il s'agit d'un discours à l'Assemblée nationale tenu le 1er juin 1958 au cours du débat sur l'investiture du général de Gaulle comme nouveau chef du Gouvernement par Pierre Mendès France. Ce député et ancien chef du gouvernement lui-même, défenseur d'un régime parlementaire, explique son opposition à l'investiture.

ÉTAPE 3 Prélever les informations du document

- Le premier paragraphe renvoie au débat sur le fonctionnement des institutions et l'équilibre des pouvoirs. L'auteur défend le « système parlementaire » car il sait le général de Gaulle favorable à un renforcement du pouvoir exécutif – d'où son opposition et ses conditions exprimées dans le dernier paragraphe (« alors seulement, l e général de Gaulle incarnera la légitimité »).
- Le paragraphe central fait référence à la guerre d'Algérie (« insurrection » et « coup de force militaire », « guerre inévitable », « répression » ; « population européenne affolée »). Par ailleurs, les propos sur de Gaulle renvoient aussi à son « passé », son rôle dans les années 1940.

ÉTAPE 4 Mobiliser et classer les connaissances indispensables

- Les parties du cours sur la guerre d'Algérie, le fonctionnement de la IVe République et l'année 1958 doivent être remobilisés ainsi que le point de passage sur l'opposition de Gaulle/Mendès France sur la nature de la République afin d'éclairer les passages du texte.

ÉTAPE 5 Introduire et conclure

- **L'introduction** doit expliquer le lien entre guerre d'Algérie et changement de République, montrant que le régime est en crise, incapable de résoudre la question algérienne.
- **La conclusion** pourra ouvrir sur la période qui suit, de Gaulle obtenant l'investiture et décidant de changer la Constitution.

› Je rédige ma réponse

Les conseils du prof !

Les points de passage sont une façon d'éclairer, d'approfondir un point particulier du cours général. Même si le document ne porte pas sur le point de passage, y faire référence de façon pertinente permet d'ajouter des exemples.

Le premier paragraphe peut être expliqué par le point de passage : on retrouve les idées de Pierre Mendès France et celles de De Gaulle qui, par ailleurs, annonce qu'il veut changer la Constitution et demande les pleins pouvoirs.

GÉOGRAPHIE

Je comprends les corrigés

Partie 1

→ p. 58

En juillet 2019, la France inaugure le Suffren, sous-marin d'attaque nucléaire de la marine nationale, affirmant ainsi sa vocation de puissance maritime. Dans quelle mesure la France est-elle une puissance maritime originale ?

> Démarrer par l'accroche, puis poursuivez avec la présentation du plan.

Pour traiter la question, nous verrons d'abord l'originalité française que constitue la possession d'un vaste espace maritime. Puis nous montrerons les éléments constitutifs de la puissance maritime française et nous terminerons par des arguments qui nuancent cette puissance.

La France possède des territoires ultramarins permettant d'avoir des ambitions de puissance maritime, c'est-à-dire qu'elle peut, en tirant profit de ses espaces maritimes, s'imposer aux autres États.

> Donner les définitions des termes du sujet puissance et expliquer quelle est l'originalité de la France.

Le domaine maritime français a une dimension mondiale et la France est présente dans les trois grands océans. Elle possède ainsi la deuxième zone économique exclusive du monde qui s'étend sur près de 11 millions de km^2.

Ces territoires ont des statuts différents, certains sont des DROM (départements et région d'outre-mer) : la Martinique, de la Guadeloupe, de la Guyane, de La Réunion et Mayotte ; d'autres sont des COM (collectivités d'outre-mer) comme Saint-Pierre-et-Miquelon, Wallis-et-Futuna, et la Polynésie française qui ont une plus grande autonomie législative.

> Montrez que vous maîtrisez le sujet en mentionnant les territoires

Les enjeux économiques, géopolitiques et militaires sont constitutifs du hard power maritime de la France. La filière pêche tout comme le secteur des énergies renouvelables (EMR) ou non (production d'hydrocarbures offshore) est un secteur important. L'économie bleu est organisée en cluster maritime qui comprend la construction navale, les biotechnologies marines, le transport avec la compagnie CMA-CGM (troisième au rang mondial du transport maritime). La marine française, la quatrième du monde, intervient pour garantir la souveraineté nationale mais aussi la sécurité des routes maritimes (lutte contre la piraterie au large de la Somalie).

> Enrichissez votre copie en donnant des données chiffrées précises.

Les enjeux environnementaux sont quant à eux constitutifs du *soft power* français. La France milite pour une gouvernance mondiale des océans et mène une politique environnementale dynamique. En effet, la plus vaste aire marine protégée est française : c'est le parc naturel de la mer de Corail en nouvelle Calédonie.

Cependant tous ces fondements de la puissance maritime française ne sauraient masquer des faiblesses ; les ports français ne sont que des ports secondaires à l'échelle européenne et mondiale, la pêche est sous-valorisée tout comme la mise en valeur des territoires ultramarins qui restent, pour la plupart, en marge de la mondialisation. La marine française a été dépassée par la marine chinoise en quelques années. Quant au rayonnement français, qu'adviendra-t-il de lui si certains territoires, comme la Nouvelle-Calédonie, accèdent un jour à l'indépendance ?

La France, du fait de ses possessions outre-mer, peut être considérée comme une puissance maritime originale, avec ses atouts et ses faiblesses. Cette affirmation maritime lui permet d'avoir l'influence d'une puissance moyenne à vocation mondiale.

HISTOIRE

Je comprends les corrigés

Partie 2 → p. 60

La guerre d'Algérie a commencé en 1954 et la succession des gouvernements qui caractérise le fonctionnement de la IVe République en complique la résolution, créant un blocage, pour ne pas dire une crise politique, qui conduit à un changement de régime en 1958. Dans son discours au moment de l'investiture du général de Gaulle en tant que président du Conseil le 1er juin 1958, Pierre Mendès France, lui-même ancien chef du gouvernement, revient sur ce double contexte de crise.

Il réfute les critiques du général de Gaulle qui parlait du « système » de la IVe République pour dénoncer l'emprise des partis politiques sur la formation des majorités à l'Assemblée nationale, changeant régulièrement. Or, l'Assemblée a une place centrale dans les institutions, le pouvoir législatif contrôlant le pouvoir exécutif (par l'investiture par exemple). Les positions du général de Gaulle sont connues depuis longtemps (discours de Bayeux, 1946), lui qui souhaite un rééquilibrage des pouvoirs en renforçant le pouvoir exécutif. C'est ce qu'il envisage en acceptant de devenir chef du gouvernement à condition de pouvoir changer la Constitution et d'obtenir pour six mois les pleins pouvoirs. Hostile à ces conceptions, Mendès France défend le « système parlementaire », estimant que ce sont les hommes politiques qui en ont fait « mauvais usage ». À la fin de son discours, il rappelle ses craintes quant aux libertés politiques, montrant sa défiance envers de Gaulle malgré le « passé » de celui-ci (son rôle dans la Résistance et le retour à la République en 1944). Il ne reconnaîtra sa « légitimité » que contre des garanties quant aux principes républicains (« qu'il a consolidé et assaini la République »).

> Montrez que vous êtes capable de lier points de passage et cours général.

Il faut dire que le retour du général de Gaulle au pouvoir se fait dans un contexte troublé. Mendès France mentionne une « insurrection » et la menace d'un « coup de force militaire », parlant même plus loin de « péril fasciste ». Il fait ici référence à la journée du 13 mai 1958 où les pieds-noirs (« population européenne affolée ») s'est soulevée en Algérie, recevant le soutien de l'armée. Les émeutiers craignaient qu'un nouveau changement de gouvernement n'ouvre la voie à des négociations avec le FLN algérien indépendantiste. Celui-ci mène une lutte armée depuis octobre 1954 qui a conduit la France sur la voie de la « répression », Mendès France n'hésitant pas à qualifier les opérations de maintien de l'ordre de « guerre ». Devant la crainte d'une guerre civile, la classe politique se résout à rappeler de Gaulle.

> Réinvestissez du vocabulaire, des notions pour expliquer des passages (les pieds-noirs ne sont pas explicitement cités).

Malgré ces oppositions, de Gaulle obtient l'investiture et les pleins pouvoirs. La Constitution de la Ve République est approuvée par référendum en septembre 1958. De Gaulle en devient le premier président avec des pouvoirs renforcés qui lui permettent notamment de résoudre la question algérienne par l'indépendance.

SUJET 7

20 pts — 2H

PARTIE 1 — 10 pts — 1 h

Question problématisée

Histoire

PARTIE 2 — 10 pts — 1 h

Analyse de documents

Géographie

Partie 1 Question problématisée 10 pts 1 H

→ Corrigé p. 71

› Quels grands changements connaît l'économie mondiale entre 1973 et 1991 ?

Par étapes

ÉTAPE 1 Repérer les mots-clés

- **Grands changements :** mutations, bouleversements, transformations profondes.
- Économie mondiale : ensemble des processus de production et d'échanges qui s'organisent à l'échelle planétaire.

ÉTAPE 2 Comprendre et analyser le sujet

- Les bornes chronologiques du sujet, explicitement indiquées, invitent à exploiter toute la partie du chapitre consacrée à la modification des grands équilibres économiques et politiques mondiaux, de la première crise pétrolière de 1973 à la disparition de l'URSS, et avec elle du système économique soviétique.

ÉTAPE 3 Mobiliser ses connaissances

- **La crise, ses causes et ses formes** (1973 à 1979-1980) : crise pétrolière, inflation, chômage, 1973, 1979, doublement des prix du brut, désindustrialisation, fin des accords de Bretton-Woods (1971).
- **Les réponses à la crise** et le bouleversement économique qu'elles entraînent (1979-1980 à 1991) : mondialisation, Reagan, Thatcher, ultra-libéralisme, privatisation, dérégulation, krach de 1987, Deng Xiaoping, Zones économiques spéciales.

ÉTAPE 4 Construire un plan

- Le sujet portant sur une longue période, **le plan chronologique** semble le plus indiqué pour exposer comment la crise des années 1970 enclenche une mutation profonde de l'économie mondiale.
- La coupure de 1979-1980, avec l'ouverture économique de la Chine et la mise en place des politiques ultralibérales aux États-Unis et en Grande-Bretagne, vous permet de diviser la période en **deux moments** : d'abord la crise, ses causes et ses formes (1973 à 1979-1980), puis les réponses à la crise, qui accélèrent la mondialisation (1979-1980 à 1991).

ÉTAPE 5 Rédiger l'introduction et la conclusion au brouillon

- **L'introduction** doit s'appuyer sur le premier choc pétrolier d'octobre 1973, qui marque le point de départ du sujet. Son ampleur et ses conséquences structurent en effet votre réflexion.
- **La conclusion** peut ouvrir sur la période suivante, et notamment l'affirmation de l'Asie dans la mondialisation.

ÉTAPE 6 Rédiger le développement directement sur votre copie

- Le premier point de passage et d'ouverture vous permet de mobiliser des contenus précis pour caractériser la mise en place d'une économie multipolaire reposant sur des principes ultra-libéraux à partir des années 1980. Citez et présentez Ronald Reagan et Deng Xiaoping.
- Appuyez-vous sur des connaissances précises, datées et/ou quantifiées, pour caractériser les politiques que vous nommez. Par exemple donnez une mesure adoptée par Ronald Reagan ou un effet économique résumant l'ampleur et les formes de la crise que vous présentez.

› **Je rédige ma réponse**

Les conseils du prof !

L'emploi de phrases-titres vous permet d'affirmer vos idées principales tout en guidant le correcteur ou la correctrice qui lira votre travail, car cela fait clairement apparaître votre plan.

Cherchez les bornes chronologiques des différentes parties en vous appuyant sur la chronologie au sens large.

Écrivez vos phrases sous une forme affirmative, en n'oubliant pas le verbe, qui donne son sens à la phrase. Préférez les verbes d'action aux verbes d'état (être, devenir, paraître, demeurer…), qui mettent moins en jeu le rôle des acteurs et leurs décisions.

Partie 2 Analyse de documents 10 pts 1 H → Corrigé p. 72

› Comme l'ensemble des politiques européennes, la politique agricole commune (PAC) poursuit un double objectif de compétitivité et de cohésion des territoires. En croisant ces deux documents, vous expliquerez comment se manifeste cette ambivalence dans le domaine de l'agriculture et pour les territoires ruraux de l'UE.

DOC. 1 La PAC et la diversité des espaces agricoles européens

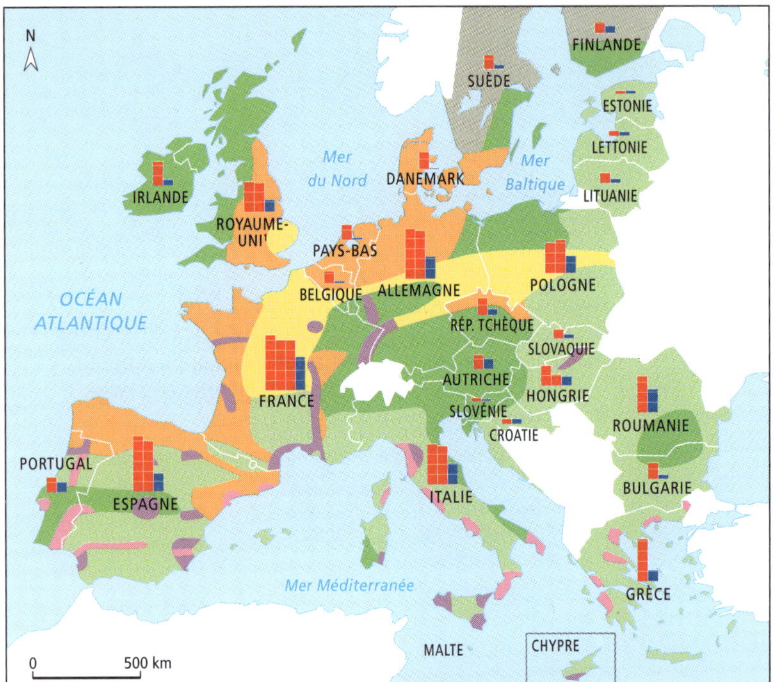

1. Les aides de la PAC par État membre de l'UE (2018)

- 1 carré représente 500 millions d'euros
- Fonds européen agricole de garantie (FEAGA) : aides directes versées aux agriculteurs
- Fonds européen agricole pour le développement rural (FEADER) : financement de projets de développement rural

1. Le Royaume-Uni était membre de l'Union européenne en 2018.

2. Des espaces agricoles compétitifs et modernisés par la PAC

- Grandes cultures productivistes
- Élevage intensif et polyculture
- Productions fruitières et légumières
- Vignobles

3. Des espaces agricoles périphériques soutenus par la PAC

- Polyculture et élevage
- Polyculture et élevage extensif ou céréaliculture extensive
- Agriculture peu importante

Source des données : Commission européenne, 2020.

Par étapes

ÉTAPE 1 Comprendre et analyser le sujet

- Le sujet porte sur l'ensemble du territoire de l'Union européenne.
- **Identifiez les mots-clés :**
  PAC : politique européenne de développement et de modernisation de l'agriculture mise en œuvre dès 1962.
  Compétitivité : mesures qui renforcent l'attractivité d'un territoire et assurent sa réussite économique et le bien-être de sa population.
  Cohésion territoriale : forme de solidarité entre États ayant pour vocation de réduire les inégalités entre individus et territoires.

ÉTAPE 2 Identifier les documents

- Le **document 1** est une carte représentant la répartition des différentes aides de la PAC en fonction des types d'espaces de production agricole en Europe.
- Le **document 2** est un article de presse publié dans *Le Monde* en janvier 2020.

DOC. 2 La PAC, une « catastrophe agricole commune »

« La PAC, c'est l'un des systèmes de subventions les plus importants au monde. En 2018, elle a distribué 60 milliards d'euros aux exploitants des États-membres. Le fait que la plus grande part des subventions puisse être indexée sur la taille des exploitations a favorisé des mécanismes d'annexion du foncier agricole. En Hongrie, le gouvernement de Viktor Orban a cédé des milliers d'hectares de terres publiques aux membres de sa famille. En Slovaquie et en Bulgarie, ces aides nourrissent des procédés mafieux d'accaparement des terres.

Cela contribue à agrandir la taille des exploitations, donc à favoriser les systèmes agricoles les plus industriels, ceux qui simplifient le plus les paysages, fonctionnent avec le moins d'emplois et le plus d'intrants[1]. Le résultat est un bilan environnemental désastreux. Les gaz à effet de serre émis par l'agriculture européenne ont augmenté de 5 % au cours de la dernière décennie. Les populations d'insectes et d'oiseaux s'effondrent à un rythme effréné. Quant aux nitrates issus de l'élevage intensif, ils polluent les rivières des grandes régions agricoles.

Qu'une politique européenne subventionne tout à la fois la destruction de l'emploi, le saccage de l'environnement, la concentration du pouvoir économique et les oligarchies[2] d'Europe centrale est un tour de force… ».

Stéphane Foucart, *Le Monde*, 6 janvier 2020.

1. Éléments non naturels utiles à la production agricole : énergie, engrais, matériel.
2. Système politique dans lequel le pouvoir appartient à un petit nombre d'individus.

Par étapes

ÉTAPE 3 Retrouver les axes du sujet et former un plan

- Dans la problématique il s'agit, à partir des documents et en appui de ses propres connaissances sur le sujet, de mettre en évidence les forces et les faiblesses d'une politique européenne qui oscille entre la recherche d'une compétitivité accrue et d'une plus grande cohésion territoriale.
- Le plan ne peut être fondé sur l'examen successif des deux documents. Il faut croiser leur analyse dans le cadre de la relation qui associe « compétitivité » et « cohésion ».

ÉTAPE 4 Prélever les informations du document

- La carte permet d'identifier et de localiser les régions agricoles compétitives qui bénéficient à plein des aides attribuées par l'UE dans le cadre de la PAC, mais également celles qui, moins performantes, sont soutenues dans la perspective de réduire les inégalités.
- L'article de presse illustre les effets contre-productifs de l'ambivalence de la PAC dans les domaines politique, social, environnemental, etc.
- Au-delà des notions de « compétitivité » et de « cohésion » des territoires, il convient de prendre appui ici sur les définitions de périphérie, agriculture intensive, inégalité, productivité, biodiversité.

ÉTAPE 5 Introduire et conclure la réponse à l'étude de document

- **L'introduction** permet de présenter le cadre du sujet et d'expliciter la problématique en relation avec les documents proposés.
- **La conclusion** a pour vocation première de répondre à la question soulevée. Il conviendra de rester nuancé car, comme pour les autres politiques portées par l'UE, la recherche d'une plus grande cohésion sociospatiale n'est pas toujours pleinement compatible avec l'impératif de compétitivité.

› **Je rédige ma réponse** ....

Les conseils du prof !

Les documents sont nécessairement placés au centre de l'analyse. Leurs contenus doivent être éclairés, complétés, prolongés par des connaissances personnelles bien maîtrisées.

Évitez toutefois de plaquer des savoirs qui ne sont pas en lien direct avec le sujet. Citez par exemple la crise de la vache folle, les effets néfastes du glyphosate sur la santé humaine ou l'utilisation d'insecticides qui tuent les abeilles.

La conclusion doit être concise et apporter une réponse explicite à la problématique.

HISTOIRE

Je comprends les corrigés

Partie 1 → p. 66

En octobre 1973, pour des raisons géopolitiques, les pays arabes de l'Organisation des pays exportateurs de pétrole décident de réduire leur production de pétrole, entraînant une hausse brutale des cours et déstabilisant les pays occidentaux.
Son ampleur encourage l'adoption de réponses inédites, aux effets systémiques : en 1991, l'économie mondiale ne ressemble plus guère à ce qu'elle était 20 ans plus tôt. La mondialisation s'installe.
Quels sont ces grands changements que connaît l'économie mondiale entre 1973 et 1991 ? En quoi peut-on dire que ces années permettent la mise en place de la mondialisation ?
Pour répondre à cette question, nous verrons tout d'abord en quoi consiste la crise qui démarre en 1973, et quels sont ses effets. Puis, nous nous pencherons sur les réponses nouvelles qui se mettent en place à partir de 1979-1980, notamment en Chine et aux États-Unis, et leur rôle décisif dans la mise en place de la mondialisation.

Entre 1973 et 1979-1980, le monde est frappé par une série de chocs économiques qui remettent en cause les anciens équilibres.
Les deux chocs pétroliers sont liés à des crises politiques au Proche-Orient. En octobre 1973, les prix du pétrole connaissent une hausse brutale et importante : l'Organisation des pays producteurs de pétrole (OPEP) décide de doubler les prix et de réduire de 5 % la production de brut, pour protester contre l'aide des pays occidentaux à Israël dans sa guerre contre ses voisins arabes. En décembre, les prix doublent encore.

> Écrivez vos phrases-titres pour les grandes parties comme pour les sous-parties.

Ce premier « choc pétrolier » frappe de plein fouet les économies dépendantes du pétrole du Proche-Orient. Au Japon, en RFA ou en France, les prix flambent, c'est l'inflation. Les pays du tiers-monde sont aussi touchés, comme l'Inde. Un second « choc pétrolier » fait suite à la révolution iranienne en 1979 et renforce les difficultés des pays importateurs de pétrole ; les prix continuent d'augmenter.
Les deux chocs pétroliers surviennent dans un contexte de fragilisation des économies dans les pays industriels. Les signes de ralentissement de la croissance se sont multipliés depuis la fin des années 1960. La production industrielle ralentit, alimentant le chômage puis les faillites. En France, le taux de chômage passe de 2 % en 1968 à 6,3 % en 1980. Entre 1974 et 1975, la demande d'acier chute de près d'un tiers en Lorraine, et amorce la désindustrialisation.
La crise est également amplifiée par la fin de la convertibilité or-dollar, c'est-à-dire la fin du système de Bretton Woods, actée en 1976. Cela accélère le flottement des monnaies et la concurrence entre elles, donc l'inquiétude des investisseurs et l'inflation. La crise s'enracine et s'étend aux pays du Sud, comme le Mexique.

> Appuyez-vous sur des dates pour nourrir votre propos et montrer que vous respectez les limites chronologiques de vos parties.

Face à cette crise, à partir de 1979-1980, l'adoption de mesures ultralibérales amorce puis accélère le processus de mondialisation.
Après avoir tenté des politiques de relance, les gouvernements occidentaux choisissent de favoriser l'ultralibéralisme. Dans un contexte de spéculation contre les monnaies, la politique d'austérité et le soutien au secteur privé remplacent progressivement la politique de l'offre. En Grande Bretagne puis aux États-Unis, le système de protection sociale est limité, les syndicats brisés, les entreprises publiques privatisées, les impôts largement réduits. En 1981, Ronald Reagan, président des États-Unis licencie 11 000 contrôleurs aériens en grève pour leurs salaires ! La dérégulation des activités financières leur permet de prendre une ampleur inégalée, comme le montre le krach de 1987.
Ainsi, la politique de réponse à la crise économique permet au processus de mondialisation de se déployer. En 1979, en Chine, Deng Xiaoping décide d'augmenter les capacités de la marine marchande chinoise et

> Utilisez les connaissances des points de passage lorsqu'ils vous permettent de caractériser une période ou une situation.

de moderniser l'appareil de production industrielle, ouverte aux capitaux privés et destinée à l'exportation. Les usines sont installées dans cinq zones économiques spéciales (ZES), mises en place à partir de 1980. En 1986, le revenu rural a triplé, le revenu urbain doublé, et commerce extérieur triple en volume. Les deux principes de délocalisation et de sous-traitance se mettent en place.

À partir de 1973, la crise économique provoquée par la hausse des prix du pétrole entraîne chômage, inflation et faillites dans les pays industriels. Pour y répondre, leurs gouvernements adoptent des politiques néolibérales favorisant le secteur privé et enclenchant la mondialisation. La montée en puissance de la Chine viendra-t-elle remettre en cause leur puissance économique ?

GÉOGRAPHIE

Je comprends les corrigés

Partie 1 → p. 68

La politique agricole commune représente le tiers du budget européen et constitue l'un des plus importants systèmes de subventions au monde. Conçue initialement pour assurer l'autosuffisance alimentaire et améliorer le niveau de vie des agriculteurs de l'UE, la PAC se déploie aujourd'hui entre deux objectifs : celui de soutenir la production agricole et de résister à la concurrence internationale ; celui de réduire les inégalités sociospatiales entre les territoires ruraux européens.
Entre compétitivité et cohésion territoriale, quel bilan de la PAC peut-on dresser ?
Pour répondre à cette question, examinons parallèlement la carte thématique « La PAC et la diversité des espaces agricoles européens » et l'article de presse « La PAC, une catastrophe agricole commune » proposés ici.

I. L'UE, première puissance agricole et région d'exportation agro-alimentaire à l'échelle mondiale
A. Un système de production intensif...
B. ... dont la modernisation à largement bénéficier de la PAC

II. Un contexte de concurrence internationale
A. Soutenir les espaces agricoles les plus performants...
B. ... au prix de graves conséquences environnementales ou sociales

III. De nouveaux objectifs de la PAC dans le contexte des élargissements successifs de l'UE
A. Développer une gestion durable des ressources
B. Promouvoir le développement des espaces ruraux périphériques

Au total, la mise en œuvre de la PAC illustre bien la manière dont les politiques européennes sont soumises à une tension permanente entre compétitivité et cohésion territoriale.

SUJET 8

20 pts · 2H

PARTIE 1 10 pts · 1 h

Question problématisée

Géographie

PARTIE 2 10 pts · 1 h

Analyse de document

Histoire

Partie 1 Question problématisée 10 pts

1 H → Corrigé p. 78

› Le processus d'intégration territoriale et la mondialisation ont profondément transformé le statut des frontières intérieures et extérieures de l'Union européenne.
Entre processus d'ouverture et de fermeture, vous expliquerez pourquoi et comment se manifestent ces modifications. Vous indiquerez ensuite leurs conséquences sur l'organisation et les dynamiques spatiales des territoires concernés.

Par étapes

ÉTAPE 1 Repérer les mots-clés

- **Intégration :** processus d'inscription d'un territoire dans un autre par la connexion des réseaux et le renforcement des relations.
- **Mondialisation :** mise en relation croissante des hommes et des territoires, qui aboutit à des interdépendances et se traduit par des flux.
- **Frontières :** limites de souveraineté entre les États membres (frontières intérieures) ou entre l'UE et le reste du monde (frontières extérieures).

ÉTAPE 2 Comprendre et analyser le sujet

- Le sujet porte sur l'ensemble du territoire de l'Union européenne.
- Il s'agit d'identifier les mécanismes à l'œuvre aux frontières de l'UE, de comprendre leurs causes et d'expliquer leurs conséquences.

ÉTAPE 3 Mobiliser ses connaissances

- Il vous appartient d'associer les notions et concepts que vous avez étudiés en cours afin de développer les arguments correspondants. Ici en particulier, le traitement du sujet impose la **maîtrise des définitions suivantes** : frontière, intégration, périphérie, coopération, ouverture, barriérisation, défrontiérisation et refrontiérisation.

ÉTAPE 4 Construire un plan

- Le choix d'un plan qui opposerait une première partie aux frontières ouvertes et une autre aux frontières fermées risquerait d'entraîner un certain nombre de répétitions ou de confusions dans la mobilisation des notions et des concepts correspondants.
- **Un plan en deux parties** (**I.** Causes et modalités des processus d'ouverture et de fermeture des frontières ; **II.** Conséquences sur les territoires frontaliers ou transfrontaliers) est plus adapté.

ÉTAPE 5 Rédiger l'introduction et la conclusion au brouillon

- Rédigez une brève introduction pour présenter le sujet, la problématique et le plan.
- La conclusion doit apporter une réponse à la problématique traitée dans le développement et offrir une mise en perspective du sujet.

ÉTAPE 6 Rédiger le développement directement sur votre copie

- Chaque partie du développement correspond à une idée directrice permettant de répondre à la question soulevée. Elle est illustrée par des **exemples précis** à **différentes échelles**.

Les conseils du prof !

› Je rédige ma réponse

Conservez sous les yeux une liste d'exemples de frontières (intérieures et extérieures) qui viendront illustrer votre argumentation à différentes échelles.

Faites la liste des processus qui sont susceptibles d'affecter le rôle d'une frontière au fil du temps : ouverture, fermeture, barriérisation, refrontiérisation, etc.

PARTIE 2 Analyse de document 10 pts 1 H → Corrigé p. 79

› En analysant le document, vous montrerez comment la fin de la guerre froide pose les bases d'un renouveau de la gouvernance mondiale. Vous en préciserez les limites.

DOC. Discours du président des États-Unis George Bush au Congrès, le 11 septembre 1990

« Ce soir, je veux vous parler de ce qui est en jeu, de ce que nous devons faire ensemble pour défendre partout les valeurs du monde civilisé et pour maintenir la force économique de notre pays.

Nos objectifs dans le golfe Persique sont clairs, précis et bien connus. […] Ces objectifs ne sont pas seulement les nôtres. Ils ont été approuvés par le Conseil de sécurité de l'Organisation des Nations unies à cinq reprises ces cinq dernières semaines. La plupart des pays partagent notre volonté de faire respecter les principes. Et un grand nombre d'entre eux ont intérêt à ce que la stabilité règne dans le golfe Persique. Ce n'est pas, comme Saddam Hussein le prétend, les États-Unis contre l'Irak. C'est l'Irak contre le monde. Comme vous le savez, je viens d'avoir un entretien très fructueux avec le président de l'URSS, M. Mikaïl Gorbatchev. Je suis content que nous œuvrions de concert en vue d'établir de nouvelles relations. […] Il est clair qu'aucun dictateur ne peut plus compter sur l'affrontement Est-Ouest pour bloquer l'action de l'ONU contre toute agression. Un nouveau partenariat des nations a vu le jour. […]

Aujourd'hui, ce nouveau monde cherche à naître. Un monde tout à fait différent de celui que nous avons connu. Un monde où la primauté du droit remplace la loi de la jungle. Un monde où les États reconnaissent la responsabilité commune de garantir la liberté et la justice. Un monde où les forts respectent les droits des plus faibles. […]

Il s'agit du premier assaut contre le nouveau monde que nous recherchons, le premier test de notre détermination. Si nous n'avions pas réagi de manière décisive à cette première provocation, si nous n'avions pas continué à faire preuve de fermeté, ce serait un signal donné aux tyrans actuels et potentiels du monde entier. […] Les récents événements ont certainement montré qu'il n'existe pas de substitut au leadership américain. Face à la tyrannie, que personne ne doute de la crédibilité et du sérieux des États-Unis. Que personne ne doute de notre détermination. »

Source : Bibliothèque présidentielle du musée George Bush, College Station, Texas.

Par étapes

ÉTAPE 1 Comprendre et analyser le sujet

- Le sujet porte sur une période charnière de l'histoire très contemporaine : la fin de la guerre froide et l'entrée dans un monde dans lequel les États-Unis pensaient être la seule puissance. Une gouvernance mondiale des relations internationales semble désormais possible, sous l'égide des États-Unis.
- **Identifiez les mots-clés :**
  Hyperpuissance : pays qui dispose de tous les leviers de la puissance et qui se projette à l'ensemble du globe ; seuls les États-Unis ont été ainsi qualifiés.
  Gouvernance : ensemble des organes de décision et des règles destinées à assurer le bon fonctionnement d'une entité politique (une association d'États, voire le monde).
  Multipolaire : un monde dans lequel existent plusieurs pôles de puissance.

ÉTAPE 2 Identifier les documents

- Ce discours historique du président George Bush (père) en 1990 à la veille de la guerre du Golfe fixe le nouvel ordre mondial voulu par les États-Unis dans un esprit de coopération entre les nations.

Par étapes

ÉTAPE 3 Retrouver les axes du sujet et former un plan

- La copie devra soulever les points essentiels que l'on retrouve dans ce discours : la volonté de bâtir une nouvelle gouvernance mondiale après la fin de la guerre froide, la volonté des États-Unis d'exercer leurs responsabilités de grande puissance, et l'application de ces principes dans le cadre de la guerre du Golfe.
- Il faut aussi ajouter la réflexion sur la portée de ce projet de nouvel ordre mondial par les États-Unis depuis le début des années 1990.
- Le plan adopté peut donc être le suivant :
  I. Ce discours pose les bases d'une nouvelle gouvernance mondiale sous l'égide des États-Unis
  II. La guerre du Golfe illustre les modalités de ce nouvel ordre mondial
  III. Un nouvel ordre mondial rapidement remis en cause.

ÉTAPE 4 Prélever les informations du document

- Le document est dense. G. Bush cite plusieurs chefs d'État : Saddam Hussein en Irak et M. Gorbatchev en URSS.
- Il évoque l'ONU comme acteur des relations internationales.
- Enfin, il présente les visées américaines pour construire ce nouvel ordre international : le droit, la lutte contre la tyrannie et surtout le leadership américain.

ÉTAPE 5 Mobiliser et classer les connaissances indispensables

- Il faut évoquer pour une analyse convenable la fin de la guerre froide et la naissance de l'hyperpuissance américaine puis la guerre du Golfe (1991), ses causes et sa conclusion.
- Enfin, pour avoir un regard critique et analyser la portée de ce document, il est important de montrer que c'est une vision très favorable aux États-Unis qui vont être largement contestés par la suite.

› Je rédige ma réponse ....

....

....

....

....

....

....

....

....

....

....

....

....

....

Les conseils du prof !

Les documents doivent être le point de départ de votre travail de réflexion et de composition. Il ne s'agit nullement de répondre à la question uniquement ou principalement à partir de vos connaissances mais en les mêlant à la réflexion proposée par le(s) document(s).

Pour avancer rapidement, identifier les connaissances qui permettront de détailler les propos du président américain.

Exercez votre esprit critique : intéressez-vous aux intentions de l'auteur, aux positions qu'il défend ; soulignez le cas échéant les limites voire les lacunes dans l'analyse proposée par le document.

GÉOGRAPHIE

Je comprends les corrigés

Partie 1 → p. 74

L'Union européenne (UE) est un espace fortement intégré qui joue un rôle majeur dans la mondialisation. À l'échelle des 27 États membres comme à l'international, elle déploie une stratégie de développement libérale qui a très largement remis en cause le rôle « traditionnel » des frontières de l'UE, qu'il s'agisse des limites de souveraineté entre les États membres ou de celles entre l'UE et le reste du monde.

> Il est important de définir d'emblée la notion ou le concept qui se situe au cœur du sujet pour montrer que vous en avez bien compris le sens.

Quelles sont les causes et les modalités des processus qui transforment leur statut ? Quels sont leurs effets sur l'organisation des territoires concernés ?
Abordons successivement ici le cas des frontières intérieures puis celui des frontières extérieures de l'UE.

Le traité de Maastricht (1992) a donné naissance au marché unique européen, espace qui se caractérise par la libre circulation des hommes, des biens, des capitaux et des services. Son fonctionnement suppose par principe une large ouverture des frontières (« *debordering* ») entre les États membres. Sa mise en œuvre s'est accompagnée d'une très forte croissance des échanges et des mobilités intracommunautaires.
La convention Schengen, appliquée à partir de 1995, a aboli les contrôles entre les pays signataires. Au sein de cet espace (qui ne se confond pas exactement avec le territoire de l'UE), les individus peuvent traverser des frontières sans contrôle d'identité systématique. Transcendant la discontinuité politique, cette liberté de circulation a contribué à l'augmentation des flux de travailleurs transfrontaliers. Qu'il prenne appui sur des écarts économiques (de niveau de vie ou de salaire), démographiques (la part relative des jeunes et des seniors) ou sociaux (le taux de chômage par exemple), le développement des migrations pendulaires entre États est l'une des illustrations les plus probantes de l'affirmation d'une véritable dynamique transfrontalière. La construction d'équipements partagés (hôpital franco-espagnol de Cerdagne) et d'infrastructures de transport (pont de l'Øresund entre le Danemark et la Suède), la multiplication de festivals, la création de parcs nationaux, etc. en sont autant d'illustrations. Alors que, jusqu'à la fin du XXe siècle, les régions frontalières constituaient en règle générale des périphéries assez peu actives et moins développées que d'autres régions à l'échelle nationale, l'intégration européenne leur a donné un nouveau souffle. La Commission européenne soutient cette dynamique au titre de sa politique de cohésion territoriale : elle encourage le développement de la coopération transfrontalière, notamment sur le plan financier par le biais du FEDER.

> L'espace Schengen compte 22 des 27 États membres de l'UE (la convention ne s'applique par à Chypre, en Irlande, en Bulgarie, en Roumanie et en Croatie) et 4 États qui n'en font pas partie (Suisse, Liechtenstein, Norvège et Islande).

La liberté de circulation sans contrôle dans l'espace Schengen a notamment pour contrepartie une harmonisation de la surveillance aux frontières extérieures. Dans un contexte géopolitique très perturbé, la Commission européenne les a considérablement renforcées en multipliant les moyens humains et techniques destinés à limiter l'entrée de migrants clandestins. On évoque parfois une véritable « Europe forteresse » pour rendre compte du processus de barriérisation à l'œuvre sur les frontières extérieures de l'UE : installation de barbelés, de miradors, surveillance militaire, etc. À l'échelle des frontières intérieures de l'UE, cette tendance se manifeste aussi par un processus de refrontiérisation (« *rebordering* ») entre États européens membres de l'espace Schengen et ceux qui ne le sont pas. C'est le cas par exemple entre la Slovénie et la Croatie, entre la Hongrie et la Roumanie, entre la Grèce et la Bulgarie, etc. Le long de ces frontières intérieures, on est bien loin des notions de cohésion territoriale et d'intégration…

> Contexte perturbé en référence à la succession de crises internationales majeures de ces dernières années (Syrie, Libye, Ukraine, etc.).

> Vous pouvez citer ici les exemples des enclaves de Ceuta et de Melilla entre le Maroc et l'Espagne, la frontière entre la Grèce et la Turquie ou la Macédoine du Nord, etc.

Il est donc difficile, voire impossible, d'opposer de manière univoque des « frontières ouvertes » à des « frontières fermées » en Europe. Les caractéristiques des frontières intérieures et extérieures de l'UE évoluent dans le temps et dans l'espace en fonction du contexte international, des politiques mises en œuvre par la Commission européenne, des orientations stratégiques des États membres, etc.

HISTOIRE

Je comprends les corrigés

Partie 2 → p. 76

L'année 1991 peut être qualifiée de charnière dans la mesure où elle scelle la fin de la guerre froide avec la chute de l'URSS tout en préfigurant le monde d'après avec la guerre du Golfe, une guerre périphérique au Moyen-Orient. Ce célèbre discours du président républicain des États-Unis, George Bush (père), prononcé le 11 septembre 1990 devant le Congrès américain, pose les bases du projet d'un nouvel ordre mondial pacifié sous la direction des États-Unis alors au faîte de leur puissance.

Dans quelle mesure ce discours montre-t-il que les États-Unis ont conscience d'être devenus une hyperpuissance ?

> Attention à ne pas confondre ce président avec son fils, qui dirigeait les États-Unis au moment des attentats du 11 septembre.

La fin de la guerre froide apporte aux États-Unis une puissance inégalée et sans rivale.

Le président américain note qu'« aujourd'hui, ce nouveau monde cherche à naître. Un monde tout à fait différent de celui que nous avons connu ». Il marque ainsi la fin définitive de la guerre froide, un nouveau monde va advenir dans le sens où l'organisation passée dans un monde bipolaire dans le cadre de la guerre froide n'est plus. George Bush signale ainsi qu'il s'est entretenu avec M. Gorbatchev qui dirige encore l'URSS. Les États-Unis sont devenus à l'échelle mondiale une puissance sans rivale qui entretient des relations cordiales même avec ses anciens ennemis. Cette hégémonie est un phénomène historique inédit, on parle donc d'hyperpuissance. Elle s'illustre dans la guerre du Golfe menée sous le patronage de l'ONU par les États-Unis.

George Bush cite dans son discours la région du golfe Persique et l'Irak au cœur des relations internationales en cette année 1991. Le 2 août 1990, l'Irak, sortie exsangue d'une guerre de 10 ans contre l'Iran, envahit un petit royaume à sa frontière : le Koweït. Celui-ci est un territoire stratégique non par sa taille mais du fait de ses immenses ressources en pétrole. Le discours rappelle le fort soutien à cette intervention militaire, la plupart des pays étant soucieux de la « stabilité » de cette région stratégique pour l'économie mondiale et notoirement américaine, comme rappelé au début du discours. La France a d'ailleurs combattu aux côtés de l'armée américaine. Par ailleurs, le droit international interdit bien évidemment à un État d'en envahir un autre. Au terme d'une guerre de quelques semaines, les États-Unis, qui assument ici pour la première fois le statut de gendarme du monde, ont libéré le Koweït et totalement mis à genoux l'Irak largement bombardé.

> Faites valoir vos connaissances précises en mobilisant le contexte de déclenchement de cette guerre très importante.

Ce sont bien les États-Unis qui incarnent ici la communauté internationale ayant condamné cette agression irakienne contraire au droit international.

Ce nouvel ordre mondial que portent et défendent les États-Unis se veut en effet fondé sur le droit et le multilatéralisme, c'est-à-dire l'établissement d'un consensus entre les nations. George Bush se félicite de la naissance d'« un monde où la primauté du droit remplace la loi de la jungle » et insiste sur le rôle central de l'ONU. Celle-ci avait été désactivée pendant la guerre froide du fait de l'affrontement entre les deux superpuissances, disposant chacune du droit de veto au Conseil de sécurité. Cela empêchait toute action pacificatrice contraire à leurs intérêts. Désormais,

> Placer le plus de vocabulaire possible pour montrer votre maîtrise des cours.

les États-Unis deviennent donc les garants du droit international défendu par l'ONU. Ils façonnent un monde, quasiment idéal, dans lequel le Conseil de sécurité, fort de ses 15 membres dont 5 permanents (États-Unis, Russie, France, Grande-Bretagne et Chine), décide de manière multilatérale, tandis que les États-Unis agiront militairement en tant que gendarmes du monde.
Le leadership américain présenté par le Président américain est noble : il vise à « défendre partout les valeurs du monde civilisé ». La mission que se sont fixés les États-Unis est de combattre « les dictateurs » et « les tyrans actuels et potentiels » tels que Saddam Hussein, dirigeant l'Irak depuis 1979. George Bush, par ce discours, réactive la « destinée manifeste » des États-Unis qui légitime leur domination : Dieu leur a confié la mission de répandre sur le monde la liberté politique, la démocratie, et économique.

La guerre du Golfe apparaît donc, dès la guerre froide achevée, comme l'illustration du nouvel ordre mondial pacifié et juste voulu par les États-Unis. Pourtant, en quelques années seulement, ce leadership a été remis en cause.
Ce discours programmatique donne une vision idéale de la puissance américaine désormais sans rivale. Ainsi, G. Bush affiche les idéaux de « liberté » chers aux États-Unis alors que des voix s'élèvent à l'époque contre une intervention en faveur d'un pays, le Koweït, peu démocratique puisque monarchie de type absolue, tandis que la liberté de la presse est bafouée par un contrôle très strict sur les déplacements des journalistes. Cette contradiction entre les valeurs et buts affichés et la réalité de la domination américaine est source de contestations contre une puissance devenue hégémonique. Cette contestation sombre dans la haine avec les attentats du 11 septembre 2001 mettant dramatiquement fin à la période où les États-Unis pensaient dominer pacifiquement le monde.

Ce discours fut donc un jalon important de la politique étrangère américaine qui se pensait acceptée naturellement par tous compte tenu de sa supériorité morale, économique et politique. Cette position n'a pourtant duré que 10 années avant le retour dans un monde beaucoup plus chaotique et dangereux.

SUJET 9

20 pts 2H

PARTIE 1 10 pts 1 h

Question problématisée

Histoire

PARTIE 2 10 pts 1 h

Réalisation d'une production graphique

Géographie

La construction européenne entre élargissement, approfondissement et remises en question

Partie 1 Question problématisée 10 pts 1 H

→ Corrigé p. 87

› L'Union européenne, un chantier inachevé ? (1992 à nos jours)

Par étapes

ÉTAPE 1 Repérer les mots-clés

- **Union européenne :** remplace la CEE en 1992.
- **Chantier :** construction européenne inachevée.

ÉTAPE 2 Comprendre et analyser le sujet

- Le sujet porte sur les difficultés que rencontre l'Union européenne depuis le début des années 1990, et notamment l'adoption du traité de Maastricht. Il faut donc montrer en quoi le projet européen fait face à des blocages, à la fois politiques, sociaux et économiques.

ÉTAPE 3 Construire un plan et mobiliser ses connaissances

- Le sujet se prête à un **plan thématique** qui d'abord présente les difficultés que posent les différents élargissements en termes économiques et politiques, puis analyse les blocages que connaît la communauté, notamment à travers l'euroscepticisme.

I. Une Europe qui s'élargit et se réforme depuis les années 1990
- **A.** Les élargissements, de 12 à 28 membres
- **B.** Le Brexit et ses conséquences

II. La construction européenne entre crises et défis
- **A.** La question migratoire
- **B.** La montée de l'euroscepticisme et des partis antieuropéens
- **C.** L'instauration d'une monnaie unique : entre espoirs et tensions.

ÉTAPE 4 Rédiger l'introduction au brouillon

- Votre **introduction** doit insister sur la rupture que constitue l'adoption du traité de Maastricht, qui renforce l'approfondissement politique de la construction européenne.
- À partir de cette date, l'UE fait face à des difficultés croissantes, tant internes qu'externes. La problématique est fournie par l'intitulé du sujet.

ÉTAPE 5 Rédiger la conclusion au brouillon

- La **conclusion** doit répondre à la problématique en précisant que si le projet européen reste inachevé et en proie à des blocages importants, l'UE n'en reste pas moins attractive et dynamique.

ÉTAPE 6 Rédiger le développement directement sur votre copie

- Prenez les temps de relire l'ensemble de votre travail.

› Je rédige ma réponse ....

Les conseils du prof !

Vos paragraphes doivent apparaître au premier coup d'œil : sautez une ligne entre chacun d'entre eux.

Penser à bien sauter des lignes pour isoler l'introduction et les différentes parties.

Commencez chaque paragraphe par une phrase d'introduction, indispensable pour montrer au correcteur la clarté de votre argumentation.

La conclusion doit être courte, environ la moitié de l'introduction, soit moins de 5 lignes. Tout comme l'introduction, doit reprendre les termes du sujet.

Partie 2 Réalisation d'une production graphique 10 pts 1 H → Corrigé p. 88

› En prenant appui sur le texte (DOC. 1) et à l'aide de vos connaissances concernant les dynamiques des territoires transfrontaliers de la France, complétez la légende et le croquis de synthèse (DOC. 2).

DOC. « Le Pays basque, un territoire franco-espagnol »

La frontière franco-espagnole sépare le Pays basque français du Pays basque espagnol. La partie française possède 7 km de frontières en commun avec la province de Guipuzcoa, côté espagnol, et partage les 143 km restants avec la Communauté autonome de Navarre. Sur 3 863 travailleurs transfrontaliers, 83 % effectuent des déplacements nord-sud. Les territoires du Pays basque intérieur sont dynamisés par un tourisme transfrontalier généré par les nombreuses ventas (Irun, col d'Ibardin, la Rhune, etc.) qui attirent les clients français.

Des structures de coopération transfrontalières sont développées de part et d'autre de la frontière. Il s'agit par exemple de la chambre de commerce et d'industrie Bihartean, créée en 2010, dont le siège se situe à Bayonne. À l'échelle interrégionale, l'Eurorégion Nouvelle-Aquitaine-Euskadi-Navarre a été créée en 2011. Une coopération transfrontalière plus ancienne réunit les deux principales agglomérations, Saint-Sébastien et Bayonne, au sein de l'Eurocité basque qui a vu le jour en 1993. Enfin, le consorcio transfrontalier Bidassoa-Txingudi rassemble à l'échelle locale les trois communes d'Hendaye, d'Irun et de Fontarabie à l'embouchure de la Bidassoa. Il est compétent en matière touristique, économique, sociale et culturelle.

Des infrastructures de transport traversent la frontière. Il s'agit notamment de l'axe autoroutier Paris-Madrid. L'autoroute A63 relie en effet Bordeaux à l'Espagne par Bayonne, jusqu'au péage de Biriatou, avant de se poursuivre côté espagnol. D'autres axes routiers secondaires desservent le Pays basque intérieur et passent dans le pays voisin, notamment en direction de Pampelune. Le Pays basque est également desservi par deux aéroports : celui de Biarritz en France et Fontarabie sur la commune de Saint-Sébastien, en Espagne.

Par étapes

ÉTAPE 1 Comprendre et analyser le sujet

- Le sujet porte sur le territoire du Pays basque, région culturelle, historique, économique qui s'étend le long du littoral atlantique de part et d'autre de la frontière franco-espagnole.
- Il s'agit de représenter sous une forme graphique l'organisation et l'évolution spatiales d'une région transfrontalière.
- **Identifiez les mots-clés :**
  Dynamiques : évolutions (et par extension, capacité à évoluer) d'un espace du point de vue de la localisation des populations et des activités, de l'aménagement et des capacités de maîtrise du territoire.
  Territoire transfrontalier : espace situé de part et d'autre d'une frontière et caractérisé par des échanges structurés, durables et de nombreux traits communs.

ÉTAPE 2 Identifier les informations à cartographier

- Relevez, dans chacun des paragraphes, les éléments qui mettent en évidence le caractère transfrontalier du territoire basque (flux, équipements, infrastructures, aménagements, etc.).
- Associez chacun de ces éléments au figuré présent dans la légende et/ou représenté sur le croquis.

ÉTAPE 3 Compléter la légende

- Identifiez ce qui, dans la légende, reste à compléter, puis choisissez un figuré adapté à l'information à représenter.
- Les éléments qui permettent de mettre en évidence le caractère transfrontalier de ce territoire (l'existence de multiples flux, notamment humains : actifs, touristes, etc.) et ceux qui relèvent de ses dynamiques (organisation administrative, équipements, infrastructures de transport, etc.) ne peuvent être évoqués qu'à une seule reprise dans la légende.
Si tel n'est pas le cas, c'est qu'il y a eu une confusion dans le déroulement des étapes précédentes.

ÉTAPE 4 Réaliser la production graphique

- Complétez la légende avec les figurés choisis et reportez-les sur le croquis.
- Ajoutez un titre qui résume la réponse apportée à la problématique.

› Je réalise ma production graphique

Titre : ....

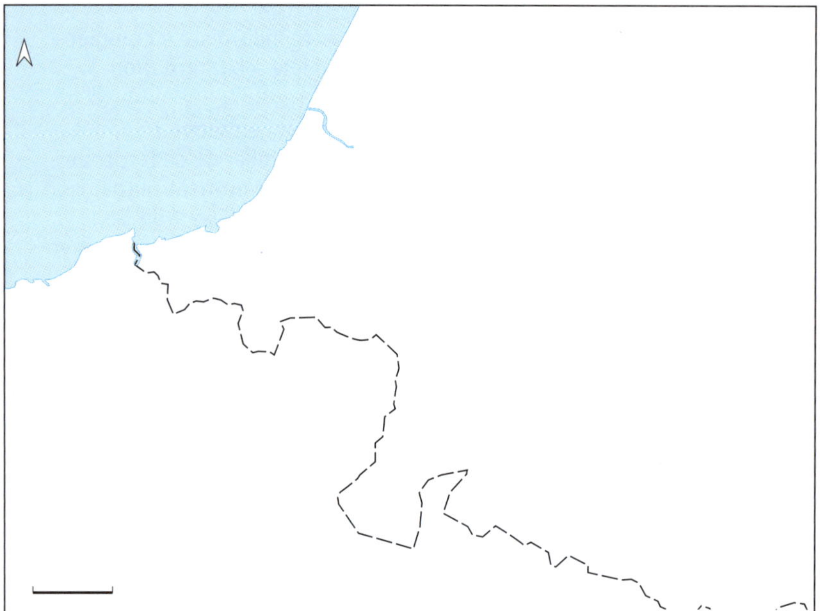

....

- [ ] ....
- Frontière d'État (F/Esp)
- Pays basque espagnol
- ....
- ....
- Ventas : tourisme transfrontalier

....

- CCI transfrontalière BIRHARTEAN
- Consorde transfrontalière Bidasoa-Txingudi
- ....
- ....

....

- Aéroports
- ....
- Autres axes routiers
- Péage de Biriatou

Les conseils du prof !

Distinguer le type de figuré à utiliser (ponctuel, linéaire ou de surface) selon la nature de l'information à représenter.

Vérifier bien que tout figuré indiqué dans la légende correspond à une information représentée sur le croquis et inversement.

HISTOIRE

Je comprends les corrigés

Partie 1 → p. 82

En 1992, par le traité de Maastricht, la CEE (Communauté économique européenne), créée en 1957 par le traité de Rome, devient l'UE (Union européenne). Cette décision répond à la volonté de mettre en œuvre des processus de décision impliquant davantage l'ensemble des acteurs concernés. Mais dès ce moment, pointe déjà chez les peuples européens un certain euroscepticisme.
En quoi l'Union européenne apparaît-elle aujourd'hui comme un chantier inachevé ? Nous nous intéresserons d'abord aux enjeux que pose l'élargissement avant de questionner les limites du modèle européen.

> Si vous manquez de temps, vous pouvez reprendre la problématique suggérée par la consigne.

Les élargissements successifs que connait l'UE depuis la chute de l'URSS en 1991 ont fait apparaître de nombreux enjeux.
La construction européenne a toujours eu pour ambition d'intégrer l'ensemble des États européens : de 1992 (création de l'UE) à 2011, l'Union passe de 12 à 28 membres. L'élargissement concerne d'abord en 1995 les riches pays du Nord puis, à partir de 2004, les pays de l'Est, les PECO, sont progressivement intégrés. Cette dynamique se poursuit en 2007 avec l'entrée de la Bulgarie et de la Roumanie, puis en 2013 avec la Croatie. Ces élargissements ont été largement critiqués à cause de l'écart de richesse entre les entrants et les anciens membres. Ils posent aussi la question de l'unité politique de l'UE, par exemple en matière de relations internationales : en 2003, la question de l'intervention américaine en Irak divise ainsi les États européens : la France et l'Allemagne la condamnent alors que le Royaume-Uni et l'Espagne la soutiennent.
Si les frontières de l'UE tendent à se rapprocher de celles du continent européen, la sortie du Royaume-Uni semble avoir marqué un coup d'arrêt majeur à la construction européenne. En 2016, le Royaume-Uni vote en effet majoritairement en faveur de sa sortie de l'UE. C'est le début d'une procédure inédite. La sortie effective a lieu le 31 janvier 2020. Beaucoup voient dans le Brexit un affaiblissement international durable de l'UE et une perte de son pouvoir d'attraction, tandis que certains s'inquiètent d'un possible effet domino. Le Brexit est aussi un défi pour le tunnel sous la Manche : l'Eurotunnel, inauguré en 1994 est effectivement un axe de communication majeur puisqu'il assure 25 % des échanges entre l'île et l'Europe continentale.

> Mobilisez les points de passages obligatoires qui vous fournissent des exemples attendus par le correcteur.

Après la décennie faste des années 1990, et l'ouverture de l'UE à de nombreux ex-États soviétiques, le projet européen semble « en panne » et peine à convaincre les peuples.
Depuis le milieu des années 2000, les remises en cause du projet européen sont nombreuses. D'abord, les élargissements de l'UE relancent le débat entre fédéralistes (l'Union se substitue aux membres dans une fédération d'États) et tenants d'une Europe des nations. Nombre d'États membres font ainsi primer les intérêts nationaux. La monnaie unique, l'euro, dont le projet est lancé en 1992, est un exemple d'une politique commune au bilan mitigé. Lancé officiellement en 2002, lorsque 304 millions d'Européens changent de monnaie, l'euro devient la monnaie référente des 19 pays membres de la zone. Certes, son emploi a encouragé les échanges commerciaux à l'intérieur de la zone, mais lors de la crise économique mondiale de 2008 puis de celle des dettes souveraines, particulièrement de la Grèce, les États membres de l'UE s'illustrent par leur manque de solidarités : personne ne semblait vouloir aider les Grecs et une sortie forcée de la zone euro (le « Grexit ») avait même été envisagée.

> Dans le fil du récit, n'hésitez pas à insérer des analyses qui montrent votre réflexion.

Face aux difficultés de gouvernance mais aussi à la crise migratoire qui touche de plein fouet les frontières externes de l'UE, les peuples font preuve d'un euroscepticisme de plus en plus important. Dès 1992, l'adoption du traité de Maastricht s'était faite dans la douleur, notamment en France, où le « oui » au référendum avait obtenu une très courte majorité. En 2005, le projet de constitution de l'UE rencontre de très vives oppositions et les seuls référendums organisés, en France et au Danemark, rejettent ce projet. Enfin, depuis 2008 et les effets sociaux dévastateurs de la crise, de nombreux partis nationalistes et anti-européens prennent leur essor (ex : Grèce, Hongrie, France).

Le projet européen est inachevé. L'histoire de la construction européenne est donc celle d'une histoire au long cours, faite de phases d'accélération et de périodes de doutes, de ralentissements voire parfois de rejets. Si les élargissements sont aujourd'hui à l'origine de nouveaux enjeux majeurs à relever pour l'UE et que le projet européen connaît des difficultés certaines, il subsiste néanmoin.

La crise économique de 2008 qui, au-delà des États, touche l'euro, semble devoir déboucher sur une intégration renforcée autour du couple franco-allemand. S'impose peu à peu la nécessité d'une vraie gouvernance européenne.

Éviter de commencer maladroitement par « pour conclure ». Si votre réflexion est bien menée, le correcteur aura compris que vous concluez. En histoire, il est toujours utile de prévoir une ouverture vers les périodes suivantes.

GÉOGRAPHIE

Je comprends les corrigés

Partie 2 → p. 84

Le pays basque, un territoire transfrontalier dynamique

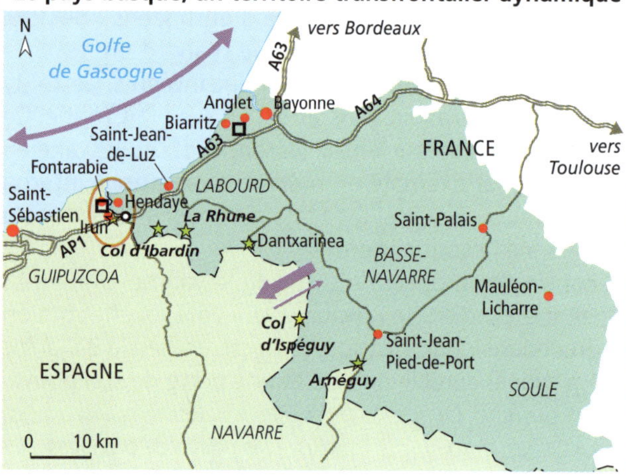

1. Un territoire transfrontalier
- Pays basque français
- Frontière d'État (F/Esp)
- Pays basque espagnol
- Métropoles et villes principales
- Migrations pendulaires
- Ventas : tourisme transfrontalier

2. Structures de coopération transfrontalier
- CCI transfrontalière BIRHARTEAN
- Consorde transfrontalière Bidasoa-Txingudi
- Eurocité Basque
- Eurorégion NA-E-N

3. Infrastructures de transport
- Aéroports
- Autoroute A63
- Autres axes routiers
- Péage de Biriatou

Le titre proposé ne doit pas commencer par « Croquis de… » : ce serait un pléonasme.

L'échelle du croquis ne permet pas de représenter l'étendue réelle de l'Eurorégion Nouvelle-Aquitaine-Euskadi-Navarre : ses « limites » suivent donc celles du cadre.

On ne peut pas implanter le figuré correspondant à la coopération entre les agglomérations de Saint-Sébastien et de Bayonne dans l'espace correspondant sur le croquis, au risque d'en rendre la lecture impossible. La flèche a donc été placée par défaut au niveau du Golfe de Gascogne.

SUJET 10

20 pts — 2H

PARTIE 1 10 pts — 1 h

Question problématisée

PARTIE 2 10 pts — 1 h

Analyse de documents

PARTIE 1 Question problématisée 10 pts 1 H → Corrigé p. 95

› Comment les réseaux de transport permettent-ils l'intégration du territoire français dans l'Union européenne et la mondialisation ?

Par étapes

ÉTAPE 1 Repérer les mots-clés

- **Mondialisation :** mise en relation des différentes parties du monde par le développement des échanges.
- **Intégration :** processus d'insertion des territoires dans un ensemble géographique.
- **Réseaux de transport :** ensemble des axes de transport (autoroutes, LGV, routes aériennes et maritimes) permettant de relier des lieux entre eux.

ÉTAPE 2 Comprendre et analyser le sujet

- Le sujet porte sur le territoire français. Le cadre géographique inclut donc la France métropolitaine et ses territoires ultramarins. L'échelle nationale est privilégiée, plutôt que l'échelle régionale.
- Il faut expliquer qu'en tant que lignes de force du territoire français, les réseaux de transport jouent un rôle important dans son organisation tout en contribuant à son insertion dans l'Union européenne et la mondialisation.

ÉTAPE 3 Mobiliser ses connaissances

- **Les différents axes de circulation** et le plus important orienté Nord-Sud reliant Paris à Marseille en passant par Lyon et Paris.
- L'**organisation en étoile** vers Paris des réseaux de transport.
- Les réseaux de transport **organisent le territoire** français en reliant les métropoles entre elles et vers Paris.
- Les réseaux de transport **favorisent les échanges** humains et économiques avec les pays européens (LGV, autoroutes, aéroports) et avec le monde (hub, ports maritimes).

ÉTAPE 4 Construire un plan

- Le sujet se prête à un **plan thématique** : analyser le rôle structurant des réseaux de transport en précisant les infrastructures existantes (autoroutes, LGV, aéroport, ports) et leur localisation, puis expliquez comment les réseaux de transport permettent d'insérer le territoire français à l'Union européenne et à la mondialisation.

ÉTAPE 5 Rédiger l'introduction et la conclusion au brouillon

- Dans **l'introduction**, vous devez définir le cadre géographique soumis à l'étude et définir les grandes notions (mondialisation, intégration) afin d'expliquer le rôle que jouent les réseaux de transport dans l'insertion du territoire français dans la mondialisation.
- En **conclusion**, soulignez que tout en contribuant à intégrer le territoire français dans la mondialisation et l'Union européenne, ils sont également à l'origine de recompositions territoriales.

ÉTAPE 6 Rédiger le développement directement sur votre copie

- Prenez les temps de relire l'ensemble de votre travail.

› **Je rédige ma réponse** ....

Les conseils du prof !

La structure du devoir doit être visible d’un seul coup d’œil par le correcteur. Pour cela, sautez une ligne entre l’introduction, le développement et la conclusion.

Rédigez une phrase de transition entre chaque partie de votre devoir.

Chaque argument doit être composé d’une idée principale avec une explication illustrée d’un exemple.

Partie 2 Analyse de documents 10 pts 1 H

→ Corrigé p. 96

› En analysant et confrontant les documents, vous décrirez la place des immigrés dans la société française depuis 1974.

DOC. 1 La mémoire de l'immigration espagnole

Par étapes

ÉTAPE 1 Comprendre et analyser le sujet

- Le sujet invite à analyser l'évolution de l'immigration en France au cours du XXe siècle (origine des immigrés et rôle dans la société) et à réfléchir à la façon dont ils sont perçus dans la société française après 1974.

ÉTAPE 2 Identifier les documents

- Le **document 1** est une affiche réalisée en 2014 pour commémorer à Saint-Denis la mémoire de l'immigration espagnole dans le quartier appelé la « Petite Espagne ». Il permet surtout d'évoquer, à travers l'exemple de l'histoire de l'immigration espagnole, la construction d'une mémoire migratoire.
- Le **document 2** est un court passage extrait d'un ouvrage du sociologue Michel Wieviorka, *La France raciste*. Il aide à retracer brièvement les grandes étapes de l'histoire de l'immigration et de la perception des immigrés en France.

DOC. 2 Le regard sur l'immigration à la fin du XXe siècle

L'immigré, jusque dans les années 1970, était avant tout un travailleur, généralement venu seul, [...] une figure ouvrière définie par une position inférieure – la plus basse – dans les rapports de production. Vinrent ensuite, et notamment pour les Maghrébins, puis pour les Turcs et les Africains, la sédentarisation, le regroupement familial, en même temps que la crise économique et, plus profondément, le déclin de la société industrielle. L'immigration est devenue une composante renouvelée et stable de la population, introduisant des problèmes inédits, et de nouvelles images se sont imposées, d'abord dans l'extrême droite et le discours du Front national puis, de plus en plus largement, dans l'ensemble de l'opinion publique.
L'immigré aujourd'hui n'est plus perçu dans les catégories de la société industrielle, identifié à l'exploitation dans le travail [...]. Il est de plus en plus définit comme un problème, une source d'inquiétude.

Michel Wieviorka, *La France raciste,* Seuil, 1992.

Par étapes

ÉTAPE 3 Retrouver les axes du sujet et former un plan

- Identifiez le thème commun aux deux documents : l'immigration et sa place dans la société française. Ce sont des documents récents mais qui, pour être analysés, doivent faire référence à une histoire qui traverse le XXe siècle et met en lumière le tournant de 1974.
- Pour traiter le sujet dans son ensemble, il faut donc mener une analyse en trois parties bien distinctes à la fois chronologiques et thématiques.
  I. L'immigration en France
  II. Une nouvelle politique dans un contexte de crise économique
  III. L'immigration devient un enjeu social et politique

ÉTAPE 4 Mobiliser et classer les connaissances indispensables

- L'immigration, une histoire ancienne et précoce : arrivée des Espagnols au début du xxe siècle, souvent des hommes seuls appelés pour combler un manque de main-d'œuvre ; après 1950, élargissement de l'origine des immigrés.
- **1974** : suspension de l'immigration de travail ; **1976** : autorisation du regroupement familial et sédentarisation des immigrés ; **1977** : dispositif d'aide au retour en faveur des travailleurs étrangers désireux de regagner leur pays d'origine.
- **1972** : fondation du FN ; victoire du FN aux élections municipales en 1983 ; politisation de la question de l'immigration.

ÉTAPE 5 Introduire et conclure

- **L'introduction** doit rappeler combien la question de l'immigration et de la place des immigrés dans la société française est devenue un enjeu social et politique dans le contexte de la crise économique qui succède aux « Trente Glorieuses ».
- **La conclusion** permet de souligner l'idée générale extraite de l'étude des deux documents : comment, tout en devenant un enjeu politique et social, la place des immigrés en France a évolué.

› **Je rédige ma réponse**

Les conseils du prof !

Le thème de l'analyse de documents doit être présenté avec précision grâce à vos connaissances. Il faudra ensuite présenter les documents dès l'introduction.

Les citations ou références aux documents doivent s'insérer et interagir avec des connaissances précises.

Pensez à rappeler des connaissances factuelles qui aideront à la compréhension de l'affiche décrite dans les lignes qui suivent.

GÉOGRAPHIE

Je comprends les corrigés

Partie 1 → p. 90

En août 2019, la région Provence-Alpes-Côte d'Azur a inauguré une liaison directe avec Shanghai à partir de l'aéroport de Nice afin d'attirer les touristes et investissements chinois, renforçant ainsi son rayonnement à l'international. Cet exemple illustre l'importance des infrastructures de transport dans le développement du territoire français aux échelles tant nationale qu'européenne ainsi que dans le cadre de la mondialisation, processus d'intensification des échanges entre les différentes parties de monde.

> Vous pouvez commencer votre introduction par un exemple afin de susciter l'intérêt du lecteur.

Comment les réseaux de transport contribuent-ils à intégrer le territoire français dans l'Union européenne et à la mondialisation ?

Après avoir expliqué le rôle structurant des réseaux de transport pour le territoire français, nous montrerons qu'ils participent également à son insertion dans l'Union européenne et à la mondialisation.

Tout en favorisant la mobilité des Français et étrangers tant à l'échelle nationale qu'internationale, les réseaux de transport façonnent également l'organisation du territoire français. Trois axes majeurs concentrent les principaux flux de circulation. Le plus important relie Lille à Marseille en passant par Paris et Lyon. Il est parcouru par des lignes à grande vitesse (LVG) et des autoroutes. Celles-ci convergent vers Paris tout comme la majorité du réseau ferré autoroutier initialement organisé en étoile autour de Paris. La capitale abrite plusieurs grandes gares (gare du Nord, gare de l'Est, gare Saint-Lazare, gare Montparnasse…) avec des lignes TGV à destination des principales métropoles parisiennes. Par exemple, la LGV Méditerranée permet de relier Paris à Marseille en moins de 3 heures. Même si le réseau autoroutier converge initialement vers Paris, il s'est progressivement étendu à l'ensemble du territoire et des liaisons transversales ont été construites, telles que l'A89 reliant Bordeaux à Lyon achevée en 2018. De plus, les métropoles sont également pourvues d'aéroports dont certains sont dotés de plateformes multimodales où se connectent différents modes de transport (train, bus, métro). Par exemple, l'aéroport Lyon-Saint-Exupéry accueille une gare TGV et TER, une ligne de tramway et une autoroute assurant les dessertes locales et nationales. C'est aussi grâce aux liaisons aériennes que les territoires ultramarins sont connectés à la métropole. En plus de leur rôle structurant, les réseaux de transport contribuent également à l'intégration du territoire français à l'Europe et à la mondialisation.

> Localisez avec précision en nommant les espaces concernés.

D'une part, l'adhésion de la France à l'Union européenne s'est accompagnée de la réalisation de nombreuses infrastructures de transport facilitant les échanges avec les pays européens. Les lignes LGV ont été prolongées vers l'Europe du Nord (Pays-Bas et Belgique grâce au Thalys). Le tunnel sous la Manche permet à l'Eurostar de relier Paris à Londres en un peu plus de 2 heures et assure 25 % des échanges entre l'Europe et le Royaume-Uni. Celui-ci a décidé de sortir de l'Union européenne en 2020 mais l'importance de cet axe de transport n'est pas remise en cause. Des chantiers de LGV sont encore en cours, comme la ligne Lyon-Turin devant se prolonger jusqu'en Roumanie. Les liaisons autoroutières avec les pays européens sont aussi développées grâce à la construction de tunnels, tels que celui du Somport entre l'Espagne et la France permettant la traversée des Pyrénées. Dans les régions frontalières, les pays construisent des infrastructures de transport afin de favoriser la mobilité et les échanges. Par exemple, un tramway relie la ville de Kehl (Allemagne) à Strasbourg depuis 2017. D'autre part, les réseaux de transports permettent l'intégration du territoire français à la mondialisation. Les aéroports des métropoles françaises développent des liaisons aériennes, grâce notamment aux compagnies *low cost*, vers des destinations européennes et mondiales, à l'exemple de l'aéroport de Nice et sa desserte de Shanghai. Cependant, c'est le hub parisien constitué des aéroports de Roissy, d'Orly et du Bourget qui polarise la majorité des flux de passagers (105 millions en 2018) et 80 % du fret national. De plus, les littoraux Atlantique et Méditerranée équipés de ports (Le Havre, Dunkerque, Marseille, Nantes-Saint-Nazaire) et de ZIP (zone industrialo-portuaire) assurent à la France un rôle dans l'économie mondiale. Le Havre

> Utilisez des mots de liaison pour structurer votre devoir.

et Dunkerque profitent de la proximité de la 2e façade maritime mondiale (la Northern Range au nord de l'Europe). Dans les territoires ultramarins, les aménagements d'infrastructures portuaires ont pour objectif de tirer profit de leur localisation géographique et de renforcer leur intégration aux routes maritimes mondiales. Ainsi, le projet d'extension du Grand Port Maritime de la Guadeloupe a pour ambition de mieux insérer l'île dans l'espace Caraïbes.

Fortement polarisés par Paris et les métropoles régionales, les différents réseaux de transport, aérien, autoroutier et maritime, contribuent à l'intégration du territoire français dans l'Union européenne et à la mondialisation. Ils sont également un des facteurs de recomposition du territoire français puisqu'ils dynamisent certains espaces et en marginalisent d'autres.

Bien que courte, votre conclusion doit reprendre les idées principales de chaque partie et ouvrir sur un nouveau sujet.

HISTOIRE

Je comprends les corrigés

Partie 2 → p. 92

La question de l'immigration et de la place des immigrés en France est devenue, dans un contexte de crise économique, un véritable enjeu de société au début des années 1980. Les deux documents proposés à l'étude permettent d'analyser la place occupée par les immigrés dans la société française depuis 1974, date à laquelle Valéry Giscard d'Estaing arrive au pouvoir. Le premier est une affiche, réalisée en 2014 en vue d'une commémoration à Saint-Denis (Seine-Saint-Denis) de la mémoire de l'immigration espagnole en France. Elle nous permet de mesurer combien cette mémoire est encore vive et entretenue. Le second document est un texte du sociologue et spécialiste de l'immigration, Michel Wieviorka, extrait de l'ouvrage *La France raciste*, édité en 1992, qui permet d'évoquer l'évolution de la place et de la perception de l'immigré dans la société française.
Alors que l'origine et le statut des immigrés évoluent en France depuis le début du XXe siècle, les années 1970-1980 apparaissent comme un tournant, tant leur place réelle et fantasmée devient un enjeu politique et social.

I. L'immigration en France
A. Les premières vagues migratoires en provenance d'Europe dès la fin du XIXe siècle
B. L'origine des immigrés se diversifient à partir des années 1950

II. Une nouvelle politique dans un contexte de crise économique
A. La suspension de l'immigration de travail après 1974
B. La politique du regroupement familial à partir de 1976

III. L'immigration devient un enjeu social et politique
A. S'intégrer à la population française tout en entretenant la mémoire du parcours migratoire
B. La crispation de l'opinion publique et la politisation de la question de l'immigration

Ces documents nous ont ainsi permis de voir comment a évolué la place des immigrés en France et en quoi elle est devenue un enjeu social et politique.

SUJET 11

20 pts — 2H

Un tournant social, politique et culturel, la France de 1974 à 1988

Partie 1 Question problématisée 10 pts 1 H → Corrigé p. 103

› En quoi la gouvernance de la France depuis 1981 s'est-elle complexifiée ?

Par étapes

ÉTAPE 1 Repérer les mots-clés

- **Gouvernance :** action de diriger et administrer ; le pouvoir exécutif (chef de l'État et gouvernement) détermine et met en œuvre la politique de l'État.
- **La France :** l'ensemble du territoire métropolitain et les territoires et collectivités d'outre-mer ; il ne faudra pas oublier les échelles de gouvernement (centrale, régionale, départementale et municipale).
- **Depuis 1981 :** formulation qui invite à une analyse chronologique. À la fin des années 1970 – début des années 1980, le rôle de l'État passe de l'intervention large dans tous les domaines (État-providence) à une redéfinition de son rôle dans l'acte de gouverner, certains évoquant un tournant néolibéral.

ÉTAPE 2 Comprendre et analyser le sujet

- Le sujet porte sur la redéfinition du rôle de l'État dans un contexte de mondialisation et de construction européenne. Il faut donc s'interroger sur les nouvelles formes et méthodes que prend le gouvernement de la France depuis le début des années 1980.

ÉTAPE 3 Construire un plan

- Le sujet se prête à un plan par échelle. Il est judicieux de partir du plus événementiel, c'est-à-dire l'étude du gouvernement et de la vie politique, avant de s'intéresser aux réformes institutionnelles profondes qu'a connu le régime, pour finir avec l'arrière-plan de la gouvernance d'un pays, l'administration.

ÉTAPE 4 Mobiliser et classer ses connaissances

- **I.** Des alternances et cohabitations difficiles
  - **A.** La succession des gouvernements et des politiques
  - **B.** La question de la représentation : les modes de scrutin
- **II.** Un régime stable mais qui se réforme
  - **A.** Vers davantage d'égalité politique : référendum d'initiative partagée et lois de parité
  - **B.** Les lois de décentralisation
- **III.** L'administration publique face aux évolutions du contexte mondial et national
  - **A.** Libéralisation et privatisations
  - **B.** L'État face aux traités européens

ÉTAPE 5 Rédiger l'introduction et la conclusion au brouillon

- Votre **introduction** doit insister sur la rupture que constitue l'arrivée au pouvoir de François Mitterrand, qui produit la première alternance politique de la Ve République.
- La **conclusion** doit répondre à la problématique en précisant les tentatives de réformes de l'État dans un contexte européen et mondial bouleversé. Elle s'accompagne dans l'idéal en histoire d'une ouverture sur la période suivante.

ÉTAPE 6 Rédiger le développement directement sur votre copie

- Prenez les temps de relire l'ensemble de votre travail.
- Vos paragraphes doivent apparaître au premier coup d'œil : sauter deux lignes entre chacun d'entre eux.

› Je rédige ma réponse

Les conseils du prof !

Commencez chaque paragraphe par une phrase d'introduction indispensable pour montrer au correcteur la clarté de votre argumentation.

Placer des transitions entre vos parties facilite la lecture pour le correcteur et valorise donc votre copie.

Dans le fil du récit, n'hésitez pas à insérer des analyses qui montrent votre réflexion.

Partie 2 Réalisation d'une production graphique 10 pts 1 H → Corrigé p. 105

› À partir du texte, vous construirez, à l'aide du fond de carte fourni, un croquis correspondant au sujet suivant : « La France et ses régions inégalement intégrées à la mondialisation ».

DOC. La France et ses régions inégalement intégrées à la mondialisation

Les territoires français les plus dynamiques sont bien intégrés à la mondialisation. Ainsi, l'Ile-de-France polarisée par Paris, « ville mondiale », est bien insérée à l'espace européen et mondial. Elle attire population et activités, dynamisant un vaste espace central qui couvre tout le bassin Parisien jusqu'à La Manche et Orléans. Les régions de l'Ouest et du Sud forment un croissant périphérique dynamique de la Normandie à la région Provence-Alpes-Côte d'Azur en passant par l'Occitanie, prolongé jusqu'au Grand-Est. Elles sont bien connectées à l'Europe et au monde grâce à des systèmes productifs performants et elles s'organisent autour de métropoles (Lille, Bordeaux, Nantes, Toulouse, Lyon, Marseille, Rennes, Strasbourg). Les espaces transfrontaliers (Hauts de France, nord de la Lorraine, Alsace et nord des Alpes) sont aussi attractifs. Différents facteurs expliquent l'attractivité de ces territoires : les métropoles sont bien connectées à Paris, à l'Europe et au monde grâce aux différents axes de transport (LGV, autoroutes) et infrastructures (aéroports) et accueillent des quartiers d'affaires ainsi que des technopôles. Les littoraux sont équipés de grands ports (Dunkerque, Le Havre, Marseille) leur permettant d'être intégrés aux routes maritimes mondiales. En revanche, ces aménagements mis en place par différents acteurs publics et privés renforcent les inégalités territoriales en mettant certaines régions à l'écart de la mondialisation. Dans le Nord et l'Est, les anciens espaces industriels en crise sont en reconversion avec des résultats inégaux. Le reste du territoire métropolitain, composé essentiellement d'espaces ruraux où dominent des systèmes productifs agricoles insuffisamment performants, est aussi peu attractif. Enfin, les territoires ultramarins (Guadeloupe, Martinique, Guyane, Mayotte et La Réunion) et la Corse sont pénalisés par la discontinuité territoriale et sont donc peu intégrés à l'espace européen et mondial.

Par étapes

ÉTAPE 1 Comprendre et analyser le sujet

- Le sujet analyse les conséquences de la mondialisation sur le territoire français.
- Le terme « inégalement » signifie que certains territoires français sont bien intégrés à la mondialisation alors que d'autres sont laissés à l'écart.

ÉTAPE 2 Identifier les informations à cartographier

- La structure du texte ainsi que les mots de liaison utilisés permettent d'élaborer le plan de la légende du croquis.
- Sur le texte, soulignez les parties qui évoquent des thèmes identiques : « Les territoires français les plus dynamiques » constitue une première partie de la légende. « Les différents facteurs expliquent l'attractivité de ces territoires » constitue une seconde partie. « En revanche » souligne l'opposition et introduit l'idée que « le reste du territoire est en quête d'intégration », ce qui constitue une troisième partie.

ÉTAPE 3 Organiser la légende et choisir les figurés

- Sur une feuille de brouillon, **construisez un tableau pour organiser vos idées et construire votre légende**. Il doit comporter plusieurs colonnes : titres de la légende, informations du texte, figuré cartographique correspondant, informations notées dans la légende, localisation sur le croquis.
- Dans votre tableau, reportez et classez les idées importantes que vous allez ensuite cartographier. Il faut choisir un figuré cartographique différent pour chaque idée.
- Il peut être pertinent de réorganiser certaines informations dans la légende, sans forcément respecter l'ordre dans lequel elles sont présentées dans le texte.
- Les notions et mots de vocabulaire appris dans le cours doivent être réinvestis : intégration, territoires périphériques, espaces frontaliers, métropole, LGV, réseaux de transport, technopôles.

ÉTAPE 4 Réaliser la production graphique

- Au fur et à mesure de la construction de votre croquis, complétez votre légende afin de ne rien oublier.
- Réalisez la nomenclature en utilisant des feutres fins : indiquez sur le fond de carte les noms des pays européens limitrophes (en noir et en majuscules), car le sujet du croquis porte sur « l'intégration du territoire français à la mondialisation » et donc à l'Europe.

› Je réalise ma production graphique

Titre : ....

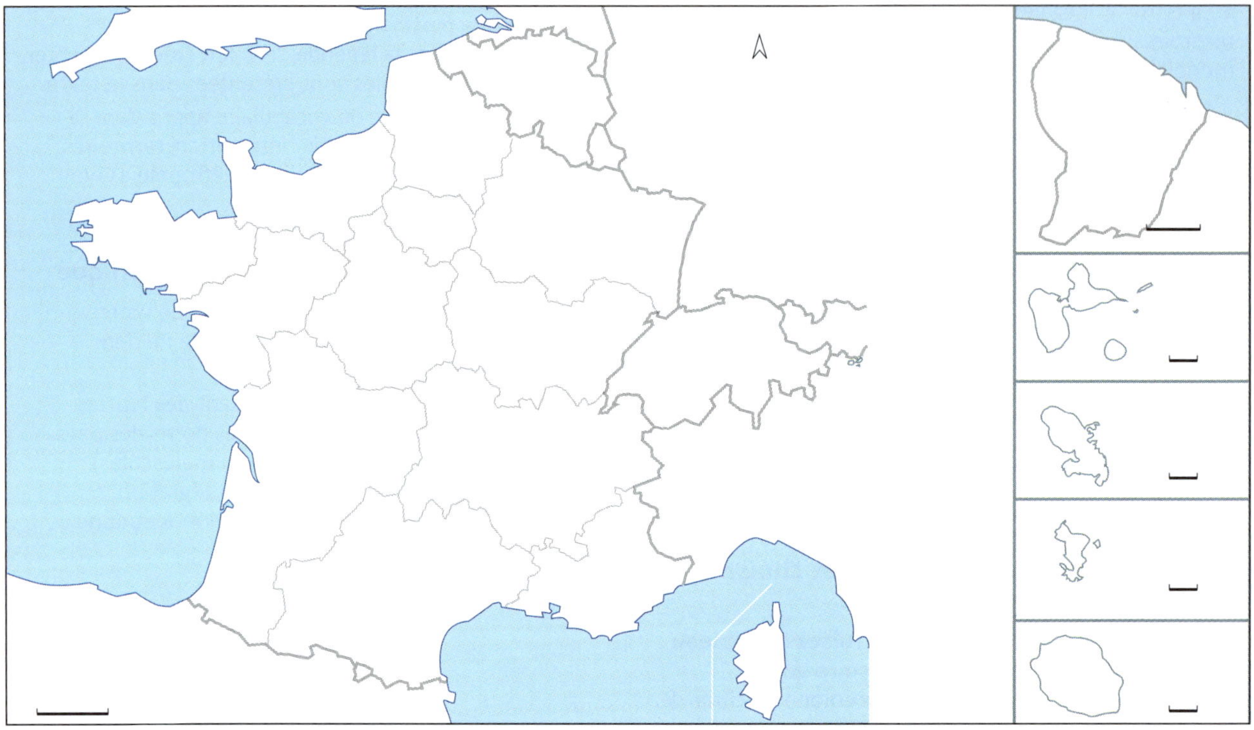

Les conseils du prof !

La légende doit être écrite sur une autre feuille, jamais au dos de votre croquis.

Le coloriage doit être réalisé avec application. Les traits sont à tracer avec une règle.

HISTOIRE

Je comprends les corrigés

Partie 1 → p. 98

En 1981, l'élection de François Mitterrand produit une alternance politique qui promet le « changement » aux Français. Dans un contexte international bouleversé par la fin de la guerre froide (1991) et l'émergence de nouveaux enjeux, les gouvernements qui se succèdent de cette date à nos jours s'efforcent de réformer le pays. Comment y parviennent-ils ? En quoi la gouvernance de la France depuis 1981 a-t-elle été difficile ? Après avoir analysé la vie politique du pays, nous verrons les changements institutionnels auxquels l'État a dû faire face, puis comment l'administration s'est réorganisée tant à l'échelle nationale que régionale ou européenne.

Depuis 1981, les gouvernements de la France sont faits d'alternances et de cohabitations difficiles.

Après 23 ans de pouvoir de la droite, l'alternance socialiste (1981) annonce un bouleversement sans précédent. Pierre Mauroy mène une politique ancrée à gauche, marquée par des nationalisations, la retraite à 60 ans, la réduction du temps de travail, l'impôt sur la fortune. Les alternances provoquent trois cohabitations : Mitterrand-Chirac (1986-1988), Mitterrand-Balladur (1993-1995) et Chirac-Jospin (1997-2002). Favorisée par le scrutin majoritaire, la bipolarisation gauche-droite de la vie politique est de plus en plus inadaptée.
L'abstention lors des élections atteint des niveaux qui posent la question de la légitimité des élus. Mal représentés, centristes, écologistes et partis aux extrêmes demandent une révision du mode de scrutin. L'idée d'introduire une part de proportionnelle fait son chemin mais n'aboutit pas.

> Ne vous contentez pas de citer le vocabulaire. S'il vous paraît trop formel de le définir, utilisez-le de manière à montrer que vous en avez compris le sens.

Depuis 1981, les gouvernements ont appliqué des politiques différentes sans parvenir à rétablir la prospérité économique. Quelles réformes de fond ont-ils cependant mises en œuvre ?

L'évolution de la situation à la fois intérieure et extérieure, tant européenne qu'internationale, a commandé des réformes institutionnelles profondes. Pour éviter les cohabitations, le quinquennat est adopté (2000) et limité à deux mandats consécutifs (2008). Avec la révision constitutionnelle de 2008, ce sont les citoyens qui gagnent des droits : avec le référendum d'initiative partagée, 10 % des électeurs peuvent soutenir un projet de loi porté par 1/5e des parlementaires. De plus, pour lutter contre la sous-représentation politique des femmes, une loi sur la parité est adoptée en 1999. Pour répondre au scepticisme toujours plus important des citoyens face au gouvernement de l'État, un nouveau mode de gestion, la décentralisation, devient une nécessité. Dès 1982, une loi est votée : les pouvoirs des collectivités territoriales (communes, départements, régions) sont largement renforcés. La réduction du nombre de régions de 22 à 13 en 2015 vise à donner plus de poids à ces collectivités.

> Mobilisez les points de passages obligatoires qui vous fournissent des exemples attendus par le correcteur.

Depuis 1981, la Ve République s'est adaptée, faisant preuve de souplesse. Les réformes mises en œuvre ont installé la France dans un nouvel ordre mondial. Mais comment l'administration publique a-t-elle fait face à ses nouvelles charges ?

Sous la pression du nouvel ordre économique mondial acquis au néolibéralisme, l'État se désengage et privatise les entreprises dont il avait la charge : réduction des personnels hospitaliers, fermeture de casernes, etc. Pour se désendetter, il s'efforce de réduire la fonction publique en ne remplaçant pas les fonctionnaires qui partent à la retraite. Ainsi, l'État-providence est remis en cause.

> Mobilisez des connaissances d'autres chapitres pour montrer une connaissance générale du cours.

L'administration française est aussi affaiblie par le renforcement politique de l'Union européenne depuis l'adoption du traité de Maastricht en 1992 : de nombreuses responsabilités ont ainsi été transférées à Bruxelles. Pour renforcer l'administration française, en 2019, une proposition de loi soutient la suppression de l'École nationale d'administration (ENA) au profit d'une « école de management public » à vocation élargie.

Gouverner la France depuis 1981 a nécessité de difficiles réformes, donnant plus de place aux institutions supranationales (Union européenne) et infranationales (collectivités territoriales). Cela a permis au pays de s'adapter mais le prix social à payer a multiplié les mécontentements, qui se traduisent dans les urnes par l'abstention et la montée des extrêmes politiques.

Plusieurs partis politiques, comme La France Insoumise, proposent une redéfinition complète du régime politique avec la mise en place d'une VIe République.

GÉOGRAPHIE

Partie 2 → p. 100

Je comprends les corrigés

Pour le titre, utilisez les termes de la consigne.

La France et ses régions inégalement intégrées à la mondialisation

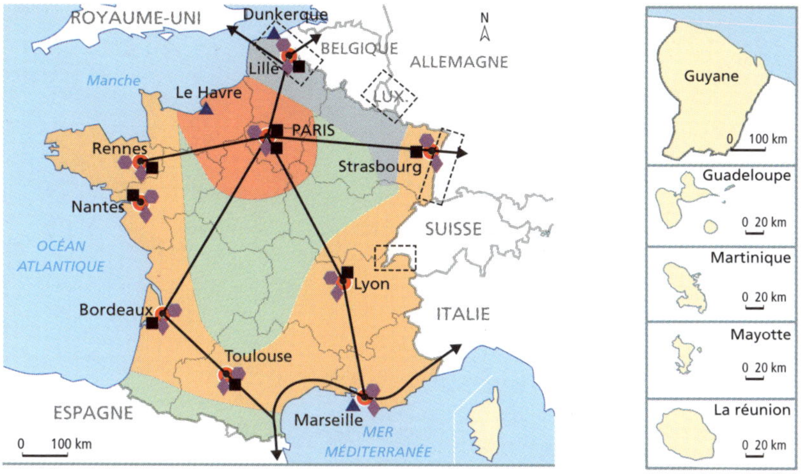

I) Les territoires français intégrés à la mondialisation
- Métropoles
- Un vaste espace central dynamisé par Paris.
- Des territoires périphériques dynamiques
- Espaces transfrontaliers attractifs

II) Les différents facteurs d'intégration à la mondialisation
1) Des réseaux de transport modernes
- Principaux axes de transport (autoroutes, LGV)
- Principaux aéroports
- Principaux ports

2) Des aménagements attractifs
- Quartier d'affaires
- Technopôles

III) Les territoires français à l'écart de la mondialisation
- Espaces ruraux
- Anciens espaces industriels en reconversion
- Territoires pénalisés par la discontinuité territoriale

Écrivez les noms des métropoles en noir et en minuscules. Les noms des océans doivent être notés en bleu et en majuscules. Pour les aplats, utilisez des crayons de couleur.

fiches de synthèse

1. L'impact de la crise de 1929 : déséquilibres économiques et sociaux

- La crise qui éclate aux États-Unis en octobre 1929 se prolonge en dépression économique qui se propage à toute la planète.
- Si ses causes s'expliquent par une bulle spéculative et un phénomène de surproduction, les remèdes s'avèrent difficiles à trouver. Les États, désorientés, alternent différentes politiques sans véritablement faire émerger une reprise économique.
- Les démocraties libérales sont particulièrement fragilisées au profit des régimes autoritaires et totalitaires qui proposent des politiques menaçantes pour la paix.

2. Les régimes totalitaires

- Les régimes totalitaires fasciste, nazi et soviétique sont issus des conséquences de la Première Guerre mondiale et de l'insuffisance des pratiques démocratiques dans leurs pays d'origine.
- Ils ont des points communs : l'usage de la violence, le contrôle des populations et le renforcement de l'État central. Ils sont placés sous l'autorité d'un chef qui institue un culte de la personnalité. Enfin, ils souhaitent créer un « homme nouveau » qui corresponde à leur idéologie.
- Mais ces régimes comportent également d'importantes différences dans les objectifs recherchés qui sont basés sur l'État en Italie fasciste, sur la race en Allemagne nazie et sur la notion de classe en URSS stalinienne.

3. La Seconde Guerre mondiale : un conflit inédit (1937-1945)

- La Seconde Guerre mondiale (1937-1945) représente un conflit exceptionnel de par sa durée et son extension géographique. Il est également caractérisé par un déchaînement exceptionnel de violences qui atteignent leur paroxysme avec le processus conduisant au génocide des Juifs et des Tsiganes.
- La France, défaite et occupée est écartelée entre deux visions de l'avenir : celle de Pétain et du gouvernement de Vichy assume la défaite et se lance dans la collaboration, alors que de Gaulle et les Résistances souhaitent poursuivre le combat.
- À partir de 1943, le CNR porte le projet d'une refondation républicaine destinée à instaurer une « République sociale » en France

Dates-clés

- **24 octobre 1922 :** Mussolini prononce un discours à Naples où il annonce : « Ou ils nous donnent le gouvernement, ou nous le prenons en allant à Rome ! »
- **24 octobre 1929 :** Krach de Wall Street et début de la grande dépression.
- **30 janvier 1933 :** Hitler devient chancelier.
- **1936-1938 :** Grands procès de Moscou organisés par Staline pour éliminer ses opposants.
- **Juillet 1937 :** Le Japon envahit la Chine.
- **9 novembre 1938 :** Pogrom de la Nuit de Cristal.
- **1er septembre 1939 :** L'Allemagne nazie envahit la Pologne. Début du conflit en Europe.
- **10 mai 1940 :** Attaque allemande à l'ouest qui entraîne l'occupation de nombreux pays d'Europe de l'Ouest.
- **18 juin 1940 :** De Gaulle lance son appel à la résistance depuis Londres à la BBC.
- **22 juin 1940 :** Armistice entre la France et l'Allemagne.
- **10 juillet 1940 :** Le Parlement confie au maréchal Pétain les pleins pouvoirs : la France devient un régime autoritaire.
- **22 juin 1941 :** Opération Barbarossa ; l'Allemagne nazie envahit l'URSS.
- **14 août 1941 :** Signature de la charte de l'Atlantique.
- **7 décembre 1941 :** Attaque japonaise contre la base américaine de Pearl Harbor.
- **6 juin 1944 :** Débarquement en Normandie.
- **8 mai 1945 :** Capitulation allemande.
- **6 et 9 août 1945 :** Bombardements atomiques sur Hiroshima et Nagasaki
- **2 septembre 1945 :** Capitulation japonaise.

Multiplication des acteurs internationaux dans un monde bipolaire (1945-années 1970)

1. La fin de la Seconde Guerre mondial et les débuts d'un nouvel ordre mondial

- Le bilan de la Seconde Guerre mondiale est particulièrement lourd, en pertes humaines comme en dégâts matériels. Les vainqueurs veulent construire une paix durable, fondée sur le respect des droits de l'Homme et symbolisée par la création de l'ONU mais aussi les procès de Nuremberg et de Tokyo.
- Ils estiment aussi indispensable de mener des actions dans les domaines économique et social, ce qui se traduit par exemple par l'adoption du système de l'État-providence.
- Toutefois, les tensions rapides entre les deux Grands, États-Unis et URSS, conduisent à la rupture en 1947 et à la montée de nouvelles tensions, qui touchent l'ensemble de la planète.

2. Une nouvelle donne géopolitique : bipolarisation et émergence du tiers-monde

- La guerre froide domine les relations internationales et crée tensions voire conflits sur l'ensemble de la planète, fragilisant la paix de 1945. Au classique affrontement de puissance s'ajoute un affrontement idéologique.
- Toutefois, les relations internationales se complexifient avec l'émergence du Tiers-monde qui suit la décolonisation, plus ou moins violente, de l'Asie et de l'Afrique, mais aussi l'émergence de nouveaux pôles comme la Chine de Mao ainsi que de nouvelles zones de conflits, en particulier au Moyen-Orient.

3. La France, une nouvelle place dans le monde

- À la sortie de la guerre, la reconstruction en France n'est pas seulement matérielle, elle est aussi politique : la République est restaurée mais connaît deux Constitutions, la IVe (1946) puis la Ve (1958) République avec un renforcement du pouvoir exécutif face au législatif voulu par de Gaulle.
- La France connaît en effet une période de déclin dans les relations internationales, avec en particulier des guerres coloniales (Indochine puis Algérie), qui l'amènent à redéfinir sa politique extérieure : construction européenne, politique d'indépendance nationale gaullienne.

Dates-clés

- **15 mars 1944 :** Programme du CNR.
- **1er au 22 juillet 1944 :** Accords de Bretton Woods.
- **26 juin 1945 :** Création de l'ONU, charte de San Francisco.
- **20 novembre 1945 :** Ouverture du procès de Nuremberg.
- **12 mars 1947 :** Discours de Truman annonçant le plan Marshall.
- **15 août 1947 :** Indépendances de l'Inde et du Pakistan.
- **25 février 1948 :** Coup de Prague.
- **14 mai 1948 :** Indépendance d'Israël et début des guerres israélo-arabes.
- **Juin 1948-mai 1949 :** Blocus de Berlin.
- **1er octobre 1949 :** Proclamation de la République populaire de Chine par Mao.
- **21 juillet 1954 :** Accords de Genève sur l'indépendance de l'Indochine.
- **18-24 avril 1955 :** Conférence de Bandung.
- **Octobre 1956 :** Crise de Suez.
- **12 août 1961 :** Début de la construction du Mur de Berlin.
- **Octobre 1962 :** Crise de Cuba.
- **5-10 juin 1967 :** Guerre des Six Jours.
- **1968 :** Printemps de Prague, Mai 68 en France.
- **25 octobre 1971 :** Admission de la Chine communiste à l'ONU.
- **6-24 octobre 1973 :** Guerre du Kippour.

Les remises en cause économiques, politiques et sociales des années 1970 à 1991

1. Les changements économiques et leurs conséquences

- Les deux chocs pétroliers de 1973 et 1979 précipitent et amplifient la crise économique dans les pays industrialisés du bloc occidental. La hausse brutale du coût de l'énergie provoque une envolée des prix, l'inflation, et accroît le chômage.
- Cette crise motive l'adoption de principes économiques ultralibéraux : réduction du rôle de l'État par des privatisations et la limitation de son action sociale ; activités dérégulées pour le secteur privé, notamment dans la finance.
- Les choix économiques du PCC en Chine amplifient les effets de cette nouvelle politique dès les années 1980. La mondialisation se met en place, comme le montre l'effet mondial du krach new-yorkais d'octobre 1987.

2. La modification des grands équilibres politiques

- L'Iran change de régime politique en 1979. Sous la pression populaire, le shah est contraint de quitter le pouvoir, et le pays devient une théocratie, le clergé chiite contrôlant l'appareil d'État.
- Au début des années 1970, trois dictatures d'Europe du Sud, l'Espagne, le Portugal et la Grèce mènent une transition démocratique. Ils adhèrent à la CEE, qui tente de se rapprocher des citoyens européens en faisant élire le Parlement européen au suffrage universel en 1979. Toutefois, elle demeure une organisation lointaine et dotée de peu de pouvoirs.
- À partir de 1989, les démocraties populaires d'Europe de l'Est connaissent un processus de contestation politique croissante. Entre mai et décembre, les peuples parviennent à renverser les gouvernements communistes sans violence grave, sauf en Roumanie. L'onde atteint ensuite l'URSS elle-même, qui disparaît le 25 décembre 1991.

3. Un tournant social, politique et culturel : la France de 1974 à 1988

- Valéry Giscard d'Estaing (VGE) est élu le 5 mai 1974. Il engage une série de réformes. Après la généralisation de la contraception médicalisée (loi Neuwirth, 1967), l'avortement est dépénalisé (loi Veil, 1975). Une politique en faveur la démocratisation scolaire est aussi mise en place, avec notamment la création du collège unique en 1975. L'année 1974 marque aussi le début des politiques de reflux de l'immigration.
- François Mitterrand remporte les élections le 10 mai 1981 avec 52,2 % des voix. C'est un tournant car la gauche n'avait pas été au pouvoir depuis longtemps.
- Au début de son mandat, des lois « marqueurs de la gauche » sont votées, notamment l'abolition de la peine de mort en 1981. Les immigrés sont de plus en plus victimes d'agressions racistes et leur présence dans la société est parfois remise en cause. L'électorat du FN, créé en 1972, poursuit sa progression. Les années 1970-1980 sont bouleversées par la métamorphose du paysage médiatique, notamment audiovisuel avec la multiplication des radios libres et des chaînes de télévision. Les jeunes se mobilisent, en particulier pour leur santé comme le montrent les engagements sur la question du Sida.

Dates-clés

- **Octobre 1973 :** Premier choc pétrolier.
- **24 avril 1974 :** Révolution des œillets (Portugal).
- **5 mai 1974 :** Valéry Giscard d'Estaing élu président de la République.
- **1974 :** Suspension de l'immigration des travailleurs en France.
- **Juillet 1974 :** La dictature des colonels est renversée en Grèce.
- **17 janvier 1975 :** Loi Veil légalisant l'avortement.
- **11 juillet 1975 :** Loi Haby instaurant le collège unique.
- **Juillet 1976 :** Arias Navarro quitte le pouvoir en Espagne.
- **1er février 1979 :** Khomeini regagne triomphalement l'Iran.
- **Février-avril 1979 :** 2e choc pétrolier.
- **1979 :** Mise en place des zones économiques spéciales en Chine.
- **23 février 1981 :** Échec du coup d'État franquiste en Espagne.
- **10 mai 1981 :** François Mitterrand élu président de la République.
- **18 septembre 1981 :** Abolition de la peine de mort.
- **1981 :** Mise en place des zones d'éducation prioritaire.
- **1982 :** Identification des premiers cas de Sida en France.
- **1983 :** Marche pour l'égalité et contre le racisme.
- **1985 :** Création du bac professionnel.
- **1980-1988 :** Guerre Iran-Irak.
- **1980-1988 :** Mandats de Ronald Reagan.
- **19 octobre 1987 :** Krach boursier parti de Wall Street.
- **4 juin 1989 :** Répression violente du mouvement étudiant à Tian'anmen (Pékin).
- **9 novembre 1989 :** Chute du mur de Berlin.
- **25 décembre 1991 :** Disparition de l'URSS.

Le monde, l'Europe et la France depuis les années 1990, entre coopérations et conflits

1. Nouveaux rapports de puissance et enjeux mondiaux

- La fin de la guerre froide laisse entrevoir un monde désormais pacifié sous la domination bienveillante et libérale des États-Unis, destinés à diffuser leur modèle.
- Cependant, le monde a été au contraire complexifié et déstabilisé. De nombreuses puissances se sont affirmées, on parle désormais d'un monde multipolaire. Les conflits, loin de se réduire avec la fin de la guerre froide, ont muté en guerres asymétriques très nombreuses et très violentes pour les populations civiles.
- Une gouvernance mondiale est redevenue possible sous l'égide de l'ONU avec la fin de la guerre froide, elle apparaît comme indispensable pour gérer des problèmes globaux tels que les inégalités et les dégradations environnementales. Pourtant, les logiques de souveraineté nationale et de puissance des États priment encore et peinent à permettre des avancées significatives dans ces grands enjeux contemporains.

2. La construction européenne entre élargissement, approfondissement et remises en question

- Les élargissements successifs depuis les années 1990 posent le problème de la cohésion d'un ensemble aussi vaste, dont les frontières se rapprochent de celles du continent européen. Malgré la sortie du Royaume-Uni, l'UE reste attractive avec de nombreux États candidats.
- À partir de 1992, le projet de l'euro a fait naître beaucoup d'espoirs. L'usage d'une monnaie commune concrétise l'appartenance à un espace économique commun. Toutefois, la gouvernance de cet outil économique commun est source de nombreuses tensions.

3. Les évolutions de la République française

- La Constitution de la Vᵉ République renforce le pouvoir exécutif, notamment à travers le rôle du président de la République, clef de voûte des institutions. On parle désormais de régime semi-présidentiel. L'alternance entre droite/gauche et les cohabitations créent de nouvelles configurations politiques mais ne remettent pas en cause la stabilité des institutions. La réforme du quinquennat (2000) accélère la présidentialisation du régime.
- La Vᵉ République est traversée par de nombreux débats et combats sociétaux, en particulier liés au respect du principe de laïcité, inscrit dans la Constitution, et à la lutte pour plus d'égalité entre citoyens (mariage pour tous ; lois sur la parité femmes-hommes…).
- Un profond mouvement de décentralisation, qui court de 1982 jusqu'à aujourd'hui, assure la montée en puissance des régions aussi bien sur le plan institutionnel qu'économique. Cependant, la décentralisation est parfois jugée insuffisante (manque d'autonomie et de moyens accordés aux collectivités territoriales).

Dates-clés

- **1991 :** Éclatement de l'URSS et fin de la guerre froide.
- **1991 :** Guerre du Golfe.
- **1992 :** Traité de Maastricht.
- **1994 :** Génocide des Tutsis au Rwanda.
- **1991-1999 :** Guerres en ex-Yougoslavie.
- **1994 :** Fin de l'Apartheid.
- **2001 :** Entrée de la Chine à l'OMC.
- **11 septembre 2001 :** Attentats aux États-Unis.
- **2002 :** L'euro monnaie unique.
- **2003 :** Guerre d'Irak.
- **2008 :** Révision constitutionnelle.
- **2013 :** Loi sur le mariage pour tous.
- **2016 :** Brexit.

1. Mers et océans : vecteurs essentiels de la mondialisation

- Les mers et océans couvrent 71 % de la surface de la planète. Ils regorgent donc de ressources. La première d'entre elles est la ressource halieutique, qui nourrit une partie de l'humanité. Les ressources sont aussi énergétiques, biochimiques et paysagères.
- Les mers et océans jouent un rôle crucial dans l'économie mondiale : on parle de maritimisation de l'économie. Ils permettent les circulations de flux matériels, immatériels, humains et ils dessinent de grandes routes maritimes.

2. Mers et océans : entre appropriation, protection et liberté de circulation

- Les mers et océans deviennent des espaces aux enjeux géostratégiques. Du fait des nombreux enjeux dont ils sont la cible, détroits et canaux interocéaniques sont soumis à des tensions de plus en plus nombreuses et leur sécurisation contre la piraterie fait l'objet d'une coopération internationale.
- Mers et océans font l'objet d'une logique ambivalente. Si tous les pays sont conscients qu'ils représentent un bien commun de l'humanité à protéger et préserver, chacun cherche à s'approprier du domaine maritime pour l'exploiter.

3. La France : une puissance maritime ?

- Grâce à ses territoires d'outre-mer, la France possède la 2e ZEE du monde et s'affirme donc comme une puissance maritime mondiale.
- Elle exploite les nombreuses ressources des mers et océans (ressources halieutiques, énergétiques). Ces derniers présentent des enjeux économiques très forts car l'économie bleue française représente plus de 10 % de son PIB.
- Cependant, tous ces espaces maritimes sont à protéger puisqu'ils sont les garants de la biodiversité marine. La puissance militaire de la marine française permet au pays d'affirmer une projection de puissance.

Chiffres-clés

- **90 %** des transports de marchandises s'effectuent par bateaux.
- Le transport maritime est le moins cher de tous entre **1 à 2 %** du prix d'un produit manufacturé.
- La vitesse moyenne d'un porte-conteneurs est de **15 nœuds** à l'heure (environ 30 km/h).
- La mer pèse aujourd'hui **1 500 milliards de dollars** dans l'économie mondiale, mais ce chiffre est amené à doubler dans les dix ou quinze ans qui viennent pour atteindre les **3 000 milliards** de dollars en 2030.
- La part des hydrocarbures off-shore est d'environ **30 %**.
- **33 %** des stocks mondiaux de poissons sont surexploités en 2016.
- La pêche industrielle exploite **55 %** de la surface des mers et océans (4 fois la surface dédiée à l'agriculture).
- Les actes de piraterie dans les détroits de Malacca et Singapour sont passés de **8 à 30** en 2019 (chiffre le plus élevé depuis 2015).
- Le réchauffement climatique a entraîné une élévation moyenne de la mer entre 1993 et 2014 de **3,2 mm par an** ce qui contraint certaines populations à émigrer vers des terres non inondées.
- La France dispose de la **2e ZEE du monde** et si les requêtes pour agrandir cette ZEE aboutissent, elle passera numéro un devant les États-Unis.

Dynamiques territoriales, coopérations et tensions dans la mondialisation

1. Des territoires inégalement intégrés dans la mondialisation

- L'inégale intégration des territoires à la mondialisation se mesure d'abord à l'échelle des États. Des États intégrés et puissants dominent le processus. Des pays émergents bouleversent cependant cette organisation, accélérant la formation d'un monde multipolaire. Enfin, des pays en développement connaissent des situations contrastées. Si certains s'appuient sur des secteurs dynamiques, comme l'agroalimentaire ou les services de communication, leur économie est encore fragile, car largement dépendante de mécanismes extérieurs.
- L'inégale intégration s'observe aussi à d'autres échelles. Des aires de puissances dominent l'espace mondial, à l'intérieur desquelles les centres d'impulsion que sont les mégalopoles concentrent les fonctions de commandement. À l'inverse, les lieux éloignés ou mal reliés aux réseaux de transport souffrent de marginalisation. Les zones grises de la mondialisation échappent au contrôle des États à toutes les échelles, tout en s'appuyant sur les lieux et les acteurs mondialisés.

2. Coopérations, tensions et régulations aux échelles mondiale, régionale et locale

- Par des ZES, une législation de paradis fiscal ou la baisse des impôts sur les entreprises, les États exercent un rôle décisif sur la localisation des activités comme sur la répartition des bénéfices économiques. Cette situation favorise l'exacerbation de la concurrence entre les États, au détriment des plus pauvres et des plus fragiles. C'est pourquoi le G20 s'est engagé depuis 2008 à réguler la fiscalité mondiale, avec des résultats encore modestes.
- Les accords régionaux offrent aux territoires des conditions de développement spécifiques. L'UE, qui regroupe des régions aux fortes disparités économiques, y a répondu par une politique de cohésion économique. Les régions métropolitaines en ont davantage tiré profit que les régions rurales ou désindustrialisées : les écarts se creusent entre les territoires.
- Ailleurs dans le monde, le Mercosur et l'AEUMC régulent uniquement les flux de marchandises et de capitaux, soit sous la forme d'une union douanière (Mercosur) soit d'un accord de libre-échange (AEUMC). Ces accords ignorent les effets territoriaux et sociaux des ouvertures commerciales.

3. La France : un rayonnement international différencié et une inégale attractivité dans la mondialisation

- La France est historiquement une grande puissance à l'échelle d'abord européenne puis mondiale. Elle a construit au fil du temps des facteurs de puissance politiques, économiques et militaires qui l'ont placée au premier rang. La France est aujourd'hui considérée comme une grande puissance économique. Son économie s'est spécialisée dans les services qui assurent plus des trois quarts du PIB. Ses grandes entreprises multinationales sont nombreuses et font de la place de Paris un pôle de l'économie mondiale. Sa puissance militaire lui assure également un poids politique à l'échelle mondiale.
- Soucieuse de diversifier ses facteurs de puissance, la France cultive aujourd'hui son soft power. Sa langue, sa culture sont autant d'éléments mis en valeur dans le cadre de la francophonie, du réseau des établissements scolaires à l'étranger, de l'audiovisuel, des partenariats noués par les musées, les universités… pour porter avec succès la voix et les valeurs de la France.

- Cependant, la puissance de la France semble en déclin, concurrencée par les puissances émergentes. Le monde multipolaire marginalise la France. Les faibles performances de son économie l'empêchent de compter parmi les grandes puissances et de faire entendre sa voix et ce, même dans le cadre de la construction européenne.

Chiffres-clés

En 2018 :

- **PIB mondial :** 84 000 milliards de dollars (FMI).
- **PIB États-Unis :** 20 000 milliards de dollars.
- **PIB Chine :** 15 000 milliards de dollars.
- **PIB/hab. Chine :** 8 200 dollars/hab./an.
- **Pays industrialisés :** 10 % de la population, 60 % du PIB mondial, 80 % des nouvelles connaissances.
- **Pays émergents :**
  - 13 % des Mexicains, 18 % des Turcs ou 30 % des Indonésiens sont de petits agriculteurs.
  - 50 % des Brésiliens se partagent 10 % des richesses, l'autre moitié dispose des 90 % restants.
- **Pays en développement et PMA :**
  - 83 % de la population du Guatemala est pauvre.
  - Le chômage officiel dépasse 40 % dans la plupart des PMA.
- **France :**
  - PIB France : 2 700 milliards de dollars.
  - PIB/hab. France : 35 000 dollars/hab./an.
  - 3 % du commerce mondial.
  - 2 % du PIB dépensé dans l'armée.

FICHE 7 GÉOGRAPHIE L'Union européenne dans la mondialisation : des dynamiques complexes

1. Des politiques européennes entre compétitivité et cohésion des territoires

- L'UE est un acteur majeur de la mondialisation qui réunit des États aux caractéristiques extrêmement variées et au niveau d'intégration très élevé.
- La perte de vitalité démographique, les risques liés au Brexit et l'influence diplomatique limitée sont autant de freins à l'affirmation de l'UE comme puissance complète.
- Les inégalités sociospatiales s'atténuent entre les États membres, mais se développent à l'échelle régionale en dépit de l'importance des fonds structurels.

2. L'Union européenne, un espace plus ou moins ouvert sur le monde

- L'Union européenne est un espace de libre circulation largement ouvert sur le monde. Pôle commercial et financier de première importance à l'échelle de la planète, c'est aussi un espace migratoire particulièrement attractif.
- « Refrontiérisation » et « barriérisation » témoignent des défis auxquels l'UE est actuellement confrontée. La succession récente de crises internationales a exacerbé les faiblesses structurelles de l'UE et s'est accompagnée d'une progression du populisme et de l'euroscepticisme.

3. La France : les dynamiques différenciées des territoires transfrontaliers

- La construction européenne a profondément modifié la nature et la fonction des espaces frontaliers de la France aux frontières de l'Union. Elle favorise l'intégration dans un même ensemble d'entités autrefois séparées par une discontinuité politique majeure.
- L'essor des échanges fait de certaines régions transfrontalières de véritables laboratoires de la cohésion territoriale européenne. Fondé sur la libre circulation des personnes et des biens, il contribue à satisfaire les objectifs de citoyenneté européenne poursuivis par l'UE.
- Cependant, l'aggravation de certains différentiels socio-économiques, la complexité des dispositifs et la superposition des niveaux de décision politique et administrative ne font pas de l'ensemble des régions frontalières françaises de véritables espaces transfrontaliers.

Chiffres-clés

- L'UE compte **512 millions d'habitants**, la population des États variant de 0,5 million d'habitants (Malte) à 82,5 millions (Allemagne).
- Le PIB de l'UE est de **15,3 milliards d'euros** (2018).
- Le commerce international de l'UE dégage un excédent annuel de **21 milliards d'euros** (2017).
- Avec près de **60 milliards d'euros**, le budget annuel de la politique agricole commune représente plus du tiers du budget total de l'UE.
- Longueur des frontières terrestres internes de l'UE : **20 000 km.**
- Longueur des frontières terrestres externes de l'UE : **14 000 km**.
- **1,7 million d'actifs** franchissent quotidiennement une frontière au sein de l'Union européenne.
- La plus longue frontière extérieure de l'UE est celle qui la sépare de la Norvège (**2 348 km**).
- **La moitié** des immigrés qui s'installent dans les pays de l'UE ont moins de 28 ans.

FICHE 8 GÉOGRAPHIE La France et ses régions dans l'Union européenne et la mondialisation

1. Les lignes de force du territoire français

- Le territoire français dispose de nombreux atouts tant par la diversité de ses milieux que par ses nombreuses ressources. Bien aménagé, notamment par un réseau de transport complet et structuré par un ensemble de métropoles réparties sur le territoire, il est bien intégré à l'Europe et au monde. Ses systèmes productifs sont performants et assurent à la France la 6e place dans l'économie mondiale. Cependant, la mondialisation transforme la localisation des systèmes productifs.
- Afin d'améliorer l'intégration européenne et mondiale du territoire français et de ses régions, l'État a entrepris de vastes réformes de décentralisation permettant de renforcer le pouvoir des régions. Le redécoupage territorial de 2016 a fait passer de 27 à 18 le nombre de régions, dans le but de développer leur rayonnement européen. Cette réforme ne se fait pas sans un certain nombre de critiques.

2. Les recompositions du territoire français à toutes les échelles

- Au sein du territoire français, l'Île-de-France reste la région la plus dynamique avec un rayonnement européen et mondial. Cependant, les régions du sud et de l'ouest s'affirment progressivement, malgré leurs disparités économiques et démographiques.
- Les autres régions métropolitaines ont davantage de difficultés à s'intégrer et sont marquées par des dynamiques contrastées. Les territoires ultramarins et ultra-ruraux ainsi que les massifs montagneux les plus enclavés sont marginalisés et à l'écart de la mondialisation. L'aménagement des territoires tente d'atténuer ces déséquilibres.

Chiffres-clés

- Une superficie de **632 733 km²**.
- **2e ZEE** mondiale avec **11,691 millions de km²**.
- **99 %** du territoire français est couvert par le haut débit.
- La France est la **6e puissance mondiale**.
- La France occupe la **12e place mondiale** pour l'accueil d'IDE.
- **18** régions françaises (13 métropolitaines et 5 ultramarines) depuis le 1er janvier 2016.
- L'Île-de-France est la **1re région française** et européenne :
  - population : **12,2 millions d'habitants** en 2019 soit 18 % de la population française ;
  - région la plus densément peuplée : 1 **017 hab./km² en 2019** ;
  - **PIB :** 642,5 milliards d'euros en 2016 (soit 31 % du PIB national et 4,6 % du PIB de l'Union européenne) ;
  - **PIB/hab. :** 53 219 euros en 2016.

Anschluss : terme désignant l'annexion de l'Autriche par l'Allemagne nazie en 1938.
Anticléricalisme : hostilité au clergé et à son ingérence dans la société.
Apartheid : régime de ségrégation raciale très dure mis en place en Afrique du Sud de 1948 à 1994.
Autarcie : système économique vivant sur ses propres ressources, sans échanges avec l'extérieur.
Axe : nom donné à l'alliance entre l'Allemagne nazie et l'Italie fasciste, bientôt rejointe au début de la guerre par le Japon (axe Rome-Berlin-Tokyo).
Ayatollah : titre élevé du clergé chiite, attribué aux spécialistes de la jurisprudence, de l'éthique ou de la philosophie dans l'islam.

Banque centrale : institution publique qui gère la monnaie d'un pays et contrôle la stabilité des prix.
Bipolarisation : organisation des relations internationales fondée, après 1945, sur deux pôles : États-Unis et URSS, les « deux Grands ».
Blitzkrieg : « guerre éclair » ; stratégie théorisée après 1945 pour qualifier l'usage combiné de divisions blindées assistées et de l'aviation.
Blocus : stratégie destinée à isoler un territoire en coupant ses communications extérieures.
Bulle spéculative : hausse démesurée du cours d'une action, d'un indice ou d'un secteur économique, et qui finit, bien souvent, par éclater de manière brutale avec une chute des valeurs.

Chemises noires : groupe paramilitaire fasciste constitué d'anciens soldats démobilisés, de chômeurs et de jeunes bourgeois.
CNR : Conseil national de la Résistance où sont rassemblés les mouvements de résistance, les partis politiques et les syndicats.
Cohabitation : coexistence d'un chef de l'État et d'un chef de gouvernement (le Premier ministre) appartenant à une majorité parlementaire qui lui est politiquement opposée.
Collaboration : politique d'entente engagée entre l'Allemagne nazie et le gouvernement de Vichy.
Collectivisation : appropriation par l'État des moyens de production.
Collectivité territoriale : structure administrative, distincte de l'administration de l'État, qui a en charge les intérêts des habitants d'un territoire donné (communes, départements, régions, collectivités d'Outre-mer).
Communauté économique européenne (CEE) : organisation internationale issue du Traité de Rome (1957) signé par les six pays fondateurs de la construction européenne (Allemagne, Belgique, France, Italie, Luxembourg et Pays-Bas).
Concubinage : union de fait entre deux personnes, du même sexe ou de sexe différent, qui ne sont ni mariées ni pacsées.
Conseil constitutionnel : organisme créé par la Constitution française de 1958 qui a pour but de contrôler la constitutionnalité des lois ainsi que la régularité des élections.
Constitution : texte juridique fondamental qui précise l'organisation et le fonctionnement des institutions politiques, la répartition des pouvoirs.
Construction européenne : processus d'unification des États européens, essentiellement par le moyen de la coopération économique.
Convertibilité : situation d'une monnaie dont le cours est fixé dans une autre unité de compte, comme l'or pour le dollar, jusqu'en 1971.
COP : Conférence des Parties, réunissant l'ensemble des parties membres de l'ONU (l'UE compte pour une seule partie) pour la défense de l'environnement.
Crimes de guerre : assassinat, mauvais traitements ou déportation des populations civiles ou des prisonniers et dévastations que ne justifient pas les exigences militaires.
Culte de la personnalité : pratique politique des régimes autoritaires ou totalitaires, rendant hommage à la personne et à l'image du chef.

Décolonisation : disparition des empires coloniaux, le départ des colonisateurs (essentiellement européens) étant obtenu par négociation et/ou guerre d'indépendance.
Déflation : politique de baisse générale des prix.
Délocalisation : déplacement d'une unité de production d'un pays à un autre.
Démocratisation : processus d'installation ou de renforcement d'institutions démocratiques, garantissant la souveraineté populaire et les libertés fondamentales.
Dépression : ralentissement important et durable de l'activité économique.
Dérégulation : réduction, voire disparition, des lois et procédures qui encadrent l'activité économique, et notamment financière.

Détente : période d›apaisement et de reprise du dialogue entre les deux Grands durant la guerre froide.
Dettes souveraines : engagements financiers (emprunts) pris par un État ou une banque centrale.
Devise : monnaie étrangère par rapport à la monnaie d'un pays.
Discrimination positive : décision politique de donner plus à ceux qui ont moins, quitte à rompre le principe d'égalité.

Éducation prioritaire : principe de compensation des inégalités territoriales et scolaires en donnant davantage d'aides aux zones reléguées.
Einsatzgruppen (« unités mobiles de tuerie ») : groupes armés nazis chargés de rafler et d'exécuter les populations juives à l'arrière du front soviétique à partir de 1941.
EPCI ou communauté de communes : structure administrative qui regroupe plusieurs communes dans le but de réaliser un projet commun de développement et d'aménagement de l'espace.
Épuration ethnique : tentative de création de régions ethniquement homogène par la déportation, les crimes de masse et les viols.
État-providence : forme de l'État qui, par ses interventions, notamment économiques, garantit une protection sociale à sa population.
Euroscepticisme : attitude critique voire opposée au projet de construction européenne.

Fait majoritaire : situation où le gouvernement est soutenu par une majorité parlementaire nette et stable.
FFL : Forces françaises libres formées au cours de l'été 1940 ; forces ralliées à la France libre sous l'égide du général de Gaulle.
FFI : Forces françaises de l'Intérieur nées de la fusion des différents mouvements de la Résistance intérieure (février 1944).

Gaz à effet de serre : gaz responsables du réchauffement climatique (CO2, méthane, etc.).
Génocide : extermination intentionnelle de toute ou partie d'une population du seul fait de son identité (race, ethnie ou religion).
Gestapo : police politique du régime nazi créée en 1933.
Ghetto : quartiers des villes de l'Europe de l'Est dans lequel les nazis ont regroupé les populations juives pour les affamer et mieux les contrôler.
Glasnost : politique visant à rétablir la liberté d'expression et à laisser se développer une opinion publique libre.
Goulag : système des camps de travail forcé en URSS.
Guerre asymétrique : conflit opposant une armée régulière à des groupes armés.
Guerre froide : affrontement entre puissances se manifestant de façon indirecte, par alliés interposés ou crises diplomatiques.
Guerre préventive : guerre dont un pays prend l'initiative pour empêcher son supposé ennemi de lui infliger de graves dommages.

Immigration : installation dans un pays d'une population d'origine étrangère.
Inflation : hausse des prix.
Intercommunalité : possibilité pour des communes d'exercer en commun certaines compétences lorsque les enjeux dépassent ceux d'une seule commune. Par exemple, la gestion de rivières, les transports urbains ou les équipements sportifs et culturels.

Kamikaze : en 1944-1945, pilote japonais volontaire pour écraser son avion chargé d'explosifs sur un navire ennemi.
Kolkhozes : exploitations agricoles collectives dans le système soviétique.
Komsomol : organisation de masse chargée d'encadrer la jeunesse soviétique.
Krach : chute brutale et massive des cours des actions sur un marché boursier.

Laïcité : principe d'organisation de la société fondée sur la séparation des Églises et de l'État qui exclut les Églises de l'exercice de tout pouvoir politique ou administratif.
Ligne Maginot : ensemble de fortifications militaires construit dès 1929 afin de protéger la France d'une invasion allemande. Un modèle semblable est construit sur les Alpes face à l'Italie fasciste.

Maquis : regroupement dans des régions difficiles d'accès de combattants clandestins qui s'organisent pour mener des combats de « guérilla » contre l'occupant et le gouvernement de Vichy.

Mur de l'Atlantique : succession de blockhaus (batteries de canons avec postes de commandement et de surveillance), d'obstacles, construits à partir de 1942 pour repousser un débarquement allié sur les côtes atlantiques de l'Europe occupée.

Nationalisme : doctrine politique accordant la primauté à une nation sur les autres.

NKVD : commissariat du peuple aux Affaires intérieures de l'URSS.

Non-alignement : refus d'un certain nombre d'États de choisir (« s'aligner sur ») un des deux blocs derrière les deux Grands.

NSDAP : Nationalsozialistische Deutsche Arbeiterpartei/parti national-socialiste ou parti nazi.

OMD : objectifs du millénaire pour le développement, adoptés en 2000 pour un développement durable.

OVRA : organisme de vigilance et de répression de l'antifascisme, police politique du régime fasciste créée en 1926.

PECO : pays d'Europe centrale et orientale.

Perestroïka : politique de réforme économique reposant sur la reconnaissance de l'initiative privée.

Planification obligatoire : organisation de l'économie soviétique par l'État prévue pour un délai de cinq ans (quinquennal).

Pogrom : mot russe qui signifie « dévaster/démolir » et qui désigne les attaques violentes contre les communautés juives dans l'Empire russe. Le mot a été utilisé ensuite dans de nombreux pays.

Présidentialisation : renforcement du pouvoir du président de la République qui devient le personnage clé de l'État.

Processus génocidaire : suite d'actions qui mènent à l'extermination en suivant les étapes de la discrimination, de l'arrestation, de l'internement, de la déportation.

Purges : exclusions du parti communiste d'URSS pratiquées entre 1936 et 1938 sous le prétexte d'activités anticommunistes.

Quinquennat : exercice d'un mandat dont la durée est de cinq ans.

Radio libre : radio qui émet clandestinement dans les années 1970 afin d'échapper au monopole de l'État.

Récession : phénomène de ralentissement du rythme de la croissance économique.

Régime semi-présidentiel : régime mixte empruntant des caractéristiques au régime parlementaire et au régime présidentiel.

Regroupement familial : c'est le fait de faire venir sa famille dans le pays d'immigration.

Régularisation : processus qui rend légale la présence d'un étranger sur le territoire français par l'attribution d'un titre de séjour.

SA : sections d'assaut, organisation paramilitaire nazie crée à Munich par Hitler en 1921.

SDN : Société des Nations, créée par le traité de Versailles en 1919, chargée d'assurer la sécurité collective en favorisant la paix par l'arbitrage et la négociation entre États.

Soviets : conseils d'ouvriers et de soldats, formés pendant la révolution russe de 1917.

Sovkhoze : fermes d'État créées en 1928 par Staline.

SS : escadrons de protection créés en 1925 par Hitler pour assurer sa protection ; ils deviendront une des principales organisations du parti nazi.

Superpuissance : politique souhaitée par de Gaulle pour extraire la France de la logique de guerre froide en lui assurant des moyens politiques, économiques, etc. pour assurer sa défense et son développement.

Supranationalité : qui est au-dessus des nations et de leurs gouvernements.

Taux de change : valeur d'une monnaie nationale par rapport à celle d'un autre pays.

Tiers-monde : État ayant une capacité d'influence à l'échelle planétaire dans tous les domaines (politique, militaire, économique, commercial, culturel…).

Théocratie : système politique dans lequel les pouvoirs fondamentaux sont entre les mains d'une structure religieuse, d'un clergé.

Accessibilité : degré de facilité avec lequel on atteint un lieu donné et qui dépend de la quantité et de la qualité des moyens de transport qu'il offre.
Acteur : personne ou groupe de personnes, entreprises et institutions qui agissent sur le territoire pour l'aménager et le développer.
Aire de puissance : espace constitué d'États qui, en raison de leur importance, exercent une influence mondialisée.
Attractivité : capacité d'un territoire à attirer des capitaux, des activités et des habitants.
Avantages comparatifs : atouts grâce auxquels un territoire attire une activité.

Balance commerciale : différence entre la valeur des exportations et celle des importations.
Barriérisation : renforcement des frontières au moyen de dispositifs matériels ou techniques visant à limiter leur franchissement.

Centre d'impulsion : région urbaine qui concentre des fonctions de commandement de rang mondial, qu'elles soient économiques, politiques, culturelles ou diplomatiques.
Circumnavigation : voyage en bateau autour de la Terre.
Collectivité territoriale (ou locale) : structure administrative différente de l'État qui a la charge de la gestion d'un territoire (commune, département, région). Elle ne possède que des compétences administratives et non législatives. La gestion des collectivités territoriales est assurée par des conseils élus au suffrage universel direct.
Conteneur : caisson métallisé standardisé de forme parallélépipédique pouvant contenir toutes sortes de marchandises (vrac, céréales, minerai…). Il mesure un multiple de 20 pieds.
Coopération régionale (organisation de) : alliance entre plusieurs États pour peser davantage dans l'espace mondial et bénéficier des effets de complémentarités locales et de solidarité entre les pays membres.

Décarbonation ou décarbonisation : fait d'opérer une transition énergétique consistant à passer des combustibles fossiles (pétrole, charbon) vers des énergies renouvelables.
Décentralisation : transfert de compétences de l'État aux collectivités territoriales (régions, départements, communes) dans les domaines des transports, de l'éducation et de l'aménagement des territoires. Les lois « Deferre » de 1982-1983 initient le processus, renforcé depuis par l'« Acte II » de la décentralisation en 2003 qui fait de la décentralisation un principe constitutionnel.
Délocalisation : transfert d'une partie de l'activité d'une entreprise, généralement la production, pour bénéficier d'avantages comparatifs c'est-à-dire de conditions économiques plus favorables.
Désenclavement : aménagement pour sortir de son isolement un territoire fermé (ou dont l'accessibilité est limitée par l'insuffisance des axes et des infrastructures de transport).
Désertification : départ de la population et des activités d'une région.
Dissuasion nucléaire : stratégie de défense qui s'appuie sur l'arme nucléaire et la peur qu'elle suscite.
Dumping social : mise en concurrence par les entreprises de différentes catégories de main-d'œuvre dans la perspective de diminuer les coûts de production en abaissant le niveau des salaires.

EPCI (établissement public de coopération intercommunale) : regroupement de plusieurs communes afin qu'elles exercent certaines compétences en commun (ramassage des ordures, transports urbains…). Il s'agit de la forme la plus aboutie de l'intercommunalité.

Façade maritime : ensemble de ports qui assurent l'interface entre un avant-pays maritime (le fore land) et un arrière-pays terrestre.
Firmes transnationales (FTN) : grandes entreprises qui interviennent sur le marché mondial et utilisent les disparités entre les territoires à leur profit.
Flux : mouvement d'hommes, de marchandises, d'informations ou de capitaux d'un point à un autre.
Francophonie : communauté des peuples pratiquant la langue française.
Frontex : agence de l'UE chargée de la surveillance de ses frontières extérieures.

G7/G8 : groupe des 7 pays les plus riches du monde fondé en 1975 par la France pour surmonter collectivement la crise du début des années 1970. Il est élargi à la Russie en 1997 et devient le G8.
G20 : groupe de 19 pays plus l'UE représentant 90 % du produit mondial brut se réunissant annuellement pour compléter le G8 et coordonner la gouvernance de l'économie mondiale.

Hotspots : dispositifs de filtrage et d'identification des migrants à leur arrivée dans l'espace Schengen considéré comme des plateformes de débarquement régional par l'UE et des centres de rétention par les ONG.

IDE (investissements directs à l'étranger) : ensemble des capitaux placés par des entreprises étrangères dans un pays tiers.
Ifremer : l'Institut français de recherche pour l'exploitation de la mer est un établissement public à caractère industriel et commercial. Ses missions sont de connaître, évaluer et prévoir l'évolution des ressources des océans pour une exploitation durable, améliorer les méthodes de surveillance et de protection du milieu marin et côtier et, enfin, favoriser le développement socio-économique du monde maritime.
Inégalité : différence de revenus qui peut se traduire par des différences sociales, dans le domaine de l'éducation, de la culture, l'accès à un logement.
Intégration : processus d'insertion des territoires dans un ensemble géographique.
Interface : zone de contact et d'échanges entre deux territoires.
Investissement direct à l'étranger (IDE) : acquisition d'actifs financiers représentant au moins 10 % du capital d'une société étrangère.

Ligne de force : ensemble des axes et réseaux qui structurent l'organisation du territoire.
Littoralisation : processus de concentration des hommes et des activités sur les littoraux.
Loi NOTRe (Nouvelle Organisation Territoriale de la République) : votée en 2015 dans le cadre du renforcement de la décentralisation, elle clarifie le rôle respectif des départements et des régions, auxquels elle accorde davantage de compétences.

Maritimisation : désigne le processus d'augmentation des échanges par voie maritime ainsi que le mouvement politico-économique correspondant à la prise de conscience de l'importance maritime d'un pays pour s'inclure dans la dynamique de la mondialisation.
Marketing territorial : promotion d'un territoire grâce à des techniques de publicité et de communication (campagnes d'affichage, sites Internet, spots publicitaires).
Mégalopole : région urbaine concentrant des dizaines de millions d'habitants, et comprenant plusieurs métropoles reliées entre elles.
Métropole : en géographie, désigne une agglomération qui concentre des fonctions de commandement et exerce une influence sur le territoire qui l'entoure. D'un point de vue administratif, une métropole est un EPCI (établissement public de coopération intercommunale).
Métropolisation : processus désignant la concentration de population, d'activités industrielles et de services du tertiaire supérieur, ainsi que des pouvoirs de commandement dans les grandes villes.
Mondialisation : mise en relation croissante des hommes et des territoires, qui aboutit à des interdépendances et se traduit par des flux.

NTIC : Nouvelles techniques de l'information et de la communication.

Off shore/on shore : terme anglais désignant une activité se déroulant en haute mer (par opposition à une activité se déroulant sur terre).

Paradis fiscal : État, souvent de petite taille, qui adopte une législation et une fiscalité très favorables aux capitaux pour assurer son propre développement. Par la création de sociétés écran et le blocage d'informations, entreprises et particuliers peuvent y transférer artificiellement tout ou partie de leurs bénéfices, et ainsi réduire considérablement leurs impôts.
Pays en développement : pays dont l'économie dépend encore largement de l'exploitation d'une ou plusieurs matières premières, et dont la rentabilité est instable.
Pays émergent : pays dont l'économie, en forte croissance, se diversifie, mais où les inégalités sociospatiales demeurent importantes.

Pays industrialisé (synonyme de pays développé) : pays dont l'économie repose sur les secteurs de l'industrie et des services, et qui bénéficie d'un large accès aux réseaux de transport et de communication.
Pays les moins avancés (PMA) : pays cumulant les handicaps, ce qui empêche ou freine leur développement.
Périphérie : territoire qui subit la domination d'un autre territoire (centre).

Recomposition territoriale : réorganisation des espaces de vie et de production en raison de différents processus (migrations, mondialisation…).
Refrontiérisation : processus de renforcement d'une frontière après une période d'atténuation de son caractère filtrant.
Région : division administrative qui regroupe plusieurs départements. On parle également de région pour un territoire regroupant des caractéristiques communes (climat, relief, culture, langue…).
Rente (économie de) : économie reposant sur l'exploitation d'une ressource naturelle, le plus souvent en quantité finie.
Réseau : ensemble des liaisons reliant des lieux d'un territoire, de manière matérielle (réseau routier, ferroviaire) ou immatérielle (réseau internet).
Ressources : matières premières exploitées et transformées par les sociétés humaines. On distingue les ressources renouvelables, capables de se reconstituer à l'échelle du temps des hommes (eau, air, sol, productions agricoles), et les ressources non renouvelables, qui ne se reconstituent pas ou très lentement.

Secteur informel : ensemble des activités qui ne sont pas déclarées à l'administration fiscale, et se traduisent par des statuts professionnels précaires.
Stratégie du collier de perles : installation par la marine de guerre chinoise de points d'appui le long de ses principales voies d'approvisionnement maritime.

Technopôle : territoire concentrant des activités de haute technologie (industries de pointe, laboratoires de recherche et universités).
Territoire : espace géographique approprié par une société. Le territoire est à la fois l'objet d'une appropriation politique, avec des acteurs multiples qui y exercent leur pouvoir, et d'une appropriation symbolique par ses habitants qui développent un sentiment identitaire à son égard.
Tertiarisation : processus d'augmentation des services dans l'économie et la population active d'un pays.
Tirant d'eau : hauteur de la partie immergée d'un bateau qui varie en fonction de la charge transportée.

ZEE (Zone économique exclusive) : espace large de 200 milles à partir du littoral, qui accorde à l'État bordier la souveraineté sur les ressources qui s'y trouvent.
Zone morte : partie de l'océan où la pollution entraîne un appauvrissement provisoire ou définitif en oxygène provoquant la disparition des espèces animales et végétales.

• Philippe Pétain (1856-1951)
Considéré comme le vainqueur de Verdun, il dirige le gouvernement à partir du 16 juin 1940. Après avoir demandé l'armistice à l'Allemagne, il obtient du Parlement les pleins pouvoirs à Vichy le 10 juillet. Devenu chef de l'État français, il dirige la France jusqu'en 1944. En 1945, il est jugé et condamné pour collaboration.

• Winston Churchill (1874-1965)
D'origine aristocratique, il assume différentes fonctions ministérielles avant devenir Premier ministre du Royaume-Uni en mai 1940. Il fait face avec son pays à la menace nazie lors du « Blitz » et réussit à mettre peu à peu fin à la neutralité des États-Unis dans le second conflit mondial. Ayant reconnu de Gaulle dès juin 1940, il est un soutien essentiel de la France libre.

• Joseph Staline (1879-1953)
D'origine géorgienne, il fait la connaissance de Lénine en 1905. Il devient secrétaire général du Parti communiste d'URSS en 1922. Il engage son pays dans la collectivisation en 1929 et établit une dictature totalitaire. Surpris par l'attaque allemande en 1941, il mobilise les Soviétiques dans la « grande guerre patriotique » et se rapproche des alliés occidentaux dans la Grande Alliance. Il met en place un culte de la personnalité qui ne cesse qu'à sa mort en 1953.

• Franklin Roosevelt (1882-1945)
Issu d'une famille bourgeoise, il devient président démocrate des États-Unis en 1932. Il entreprend de nombreuses réformes pour faire face à la Grande Dépression commencée en 1929 dans le cadre du New Deal. Il acquiert une popularité exceptionnelle et il est réélu trois fois en 1936, 1940 et 1944. Engagé dans la Seconde Guerre mondiale en décembre 1941, il est le leader incontesté de la Grande Alliance, dirigeant l'effort de guerre états-unien et entreprenant la fabrication de la bombe atomique.

• John Maynard Keynes (1883-1946)
Économiste britannique, il préconise une intervention de l'État face à la crise de 1929, inspirant les principes de l'État-providence, et participe à la conférence de Bretton Woods en 1944.

• Benito Mussolini (1883-1945)
Cet instituteur socialiste avant la Première Guerre mondiale fonde, en 1919, les « Faisceaux italiens de combat » qu'il transforme en Parti national fasciste en 1921. Il accède au pouvoir en octobre 1922 et met en place le régime totalitaire fasciste. En 1940, il fait entrer l'Italie dans la guerre. Il est fusillé en 1945.

FICHES REPÈRES

• Adolf Hitler (1889-1945)
D'origine autrichienne, il rejoint en 1919 le parti ouvrier allemand qu'il transforme en NSDAP et en instrument de conquête du pouvoir. Appelé à la chancellerie en janvier 1933, il installe une dictature totalitaire. Sa politique expansionniste est à l'origine de la Seconde Guerre mondiale. Il se suicide à Berlin le 30 avril 1945.

• Jawaharlal Nehru (1889-1964)
Compagnon de Gandhi dans la lutte pour l'indépendance de l'Inde qu'il négocie avec les Britanniques, il préside le Parti du Congrès et est, de 1947 à 1964, Premier ministre de l'Inde et l'un des artisans du non-alignement.

• Charles de Gaulle (1890-1970)
Ayant participé à la Première Guerre mondiale, cet officier rédige plusieurs ouvrages militaires entre 1918 et 1939, dans lesquels il encourage l'armée française à se moderniser. Devenu général, il est nommé sous-secrétaire d'État à la Guerre en mai 1940. Opposé à l'armistice, il part à Londres d'où il organise la poursuite de la guerre. Entre 1940 et 1944, il unifie la Résistance et s'efforce de faire reconnaître la France libre auprès des Alliés.

• Mao Zedong (1893-1976)
Fondateur puis chef du Parti communiste chinois, il mène la guerre civile contre les nationalistes à l'issue de laquelle il établit la République populaire de Chine dont il devient le principal dirigeant à partir de 1949.

• Nikita Khrouchtchev (1894-1971)
Participant à la guerre civile russe comme à la Seconde Guerre mondiale, proche de Staline, il est secrétaire général du Parti communiste d'URSS de 1953 à 1964. Il lance la déstalinisation, propose aux États-Unis la coexistence pacifique et désamorce la crise de Cuba. Il profite des succès du programme spatial soviétique.

• Deng Xiaoping (1904-1997)
Issu d'une famille paysanne, il effectue ses études en France, puis à Moscou. Proche de Mao, dont il soutient la prise de pouvoir, il est ensuite marginalisé dans l'appareil d'État chinois. Il parvient à s'imposer à la mort de Mao, et dirige de fait la Chine en 1979. Il décide alors de transformer profondément le modèle chinois, en adoptant les stratégies et les outils du capitalisme. La Chine amorce ainsi sa mutation en atelier du monde.

• Ronald Reagan (1911-2004)
D'abord connu comme acteur de seconde zone, Reagan devient un homme politique majeur aux États-Unis au cours des années 1970. Républicain, il est investi par son parti aux élections présidentielles de 1980, qu'il emporte. Élu jusqu'en 1988, il applique une politique conservatrice et néolibérale : il réduit les dépenses, sauf pour le secteur militaire, et réduit l'inflation par la hausse des taux d'intérêt. Il se montre intraitable avec les syndicats. Le bilan de sa présidence est mitigé et discuté sur le plan économique.

• **François Mitterrand (1916-1996)**
Opposant du général de Gaulle, à la tête du parti socialiste, il est élu président de la République en 1981 puis en 1988. Il est le premier à utiliser le système de la cohabitation.

• **Nelson Mandela (1918-2013)**
Principale figure de l'opposition à l'Apartheid en Afrique du Sud, il fut tour à tour militant pour les droits des Sud-Africains noirs, prisonnier politique puis premier président noir de la République d'Afrique du Sud. Il symbolise la fin de l'Apartheid.

• **Yitzhak Rabin (1922-1995)**
Chef du gouvernement israélien de 1974 à 1977 et à nouveau en 1992, il est à la fois perçu comme un « héros de la paix » et un « traître ». Il reçoit le Prix Nobel de la paix en 1994, avant d'être assassiné le 4 novembre 1995.

• **Jacques Delors (1925-)**
Ancien ministre de l'Économie, président de la Commission européenne à partir de 1985, il est l'un des grands instigateurs de l'approfondissement politique de l'Europe, avec l'adoption du traité de Maastricht en 1992.

• **Valéry Giscard d'Estaing (1926-)**
Haut fonctionnaire, inspecteur des Finances et homme d'État français, président de la République de 1974 à 1981. Son mandat contribue à la modernisation de la France, notamment sur le plan sociétal.

• **Simone Veil (1927-2017)**
Rescapée d'Auschwitz où elle a été déportée à 16 ans, magistrate et haut fonctionnaire, elle est nommée ministre de la Santé en 1974 et elle fait adopter la loi sur l'IVG (1975) ; elle devient ensuite la première présidente du Parlement européen (1979-1982) et elle est considérée comme un pilier de la construction européenne. Ensuite elle redevient ministre, puis siège au Conseil constitutionnel de 1998 à 2007. Après sa mort, elle entre au Panthéon avec son mari le 1er juillet 2018.

• **Mikhaïl Gorbatchev (1931-)**
D'abord spécialiste de l'agriculture, il prend la tête du parti communiste de l'Union soviétique en 1985, et dirige de ce fait l'URSS. Il mène une politique d'ouverture et d'assouplissement destinée à sauvegarder le modèle soviétique, mais sa volonté de respecter les libertés fondamentales encourage les contestations dans tout le bloc soviétique. Après le vaste mouvement révolutionnaire de 1989, il est à son tour démis et contraint à la démission le 25 décembre 1991.

• Sadam Hussein (1937-2006)
Président de la République d'Irak, il exerça une véritable dictature sur le pays qu'il lança dans de nombreuses guerres avec l'Iran, le Koweït et les États-Unis. Fait prisonnier lors de la guerre d'Irak, il est exécuté en 2006.

• George W. Bush (né en 1946)
Il est le 43e président des États-Unis de 2001 à 2009. Son mandat est marqué par les attentats du 11 septembre 2001 et les guerres menées ensuite en Afghanistan et en Irak au nom de la sécurité des États-Unis.

• Christiane Taubira (née en 1952)
Garde des Sceaux, c'est-à-dire ministre de la Justice, sous François Hollande, elle a porté, au cœur de la polémique, le projet de loi sur le Mariage pour Tous.

• Angela Merkel (née en 1954)
Chancelière allemande depuis 2005, elle a contribué à façonner l'Europe moderne.

• Nicolas Sarkozy (né en 1955)
« Hyperprésident » de la République de 2007 à 2012, il a renforcé la présidentialisation du régime en affaiblissant le rôle des ministres et du Premier ministre, ainsi que la médiatisation de la vie politique.

• Boris Johnson (né en 1964)
Premier ministre conservateur britannique depuis 2019, il doit négocier le Brexit avec ou sans accord commercial avec l'UE, à l'horizon 2021.

Thème 1 Mers et océans au cœur de la mondialisation

Ressources et enjeux des océans

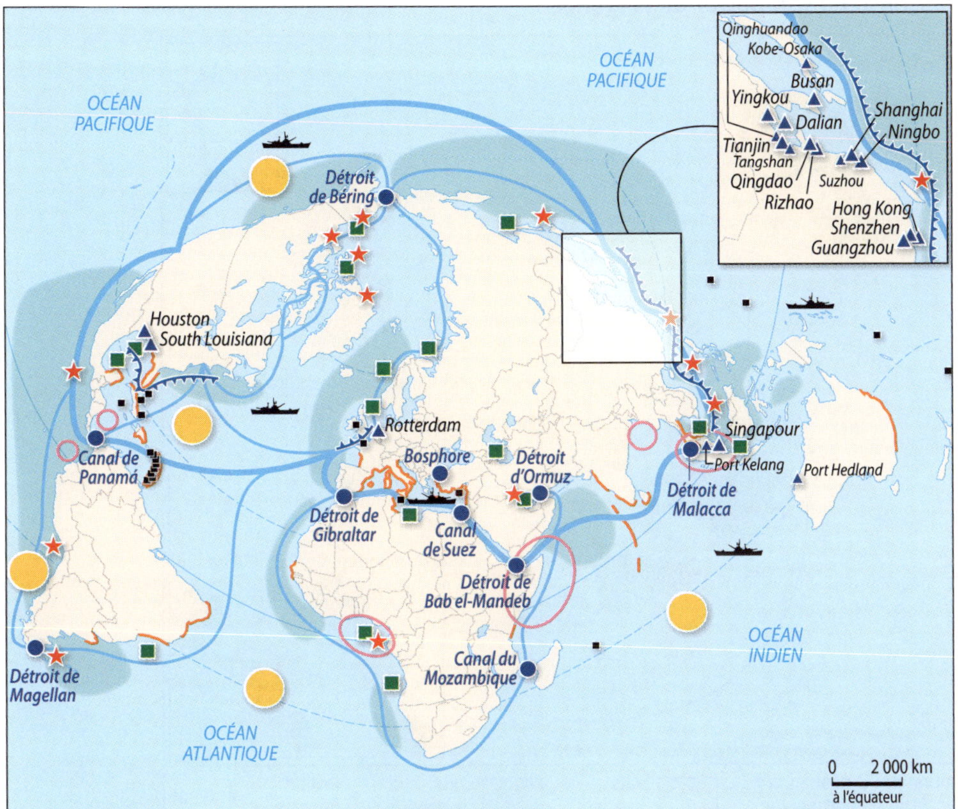

1. Des ressources importantes
- Principales zones de pêche
- Gisements majeurs d'hydrocarbures offshore
- Paradis fiscaux offshore
- Principaux littoraux touristiques

2. La maritimisation des économies

Principaux ports *(trafic en millions de tonnes de marchandises par an)*
- plus de 300
- entre 150 et 300
- Principales façades maritimes
- Routes maritimes
- Passages stratégiques

3. Enjeux géostratégiques
- Tensions liées aux frontières maritimes
- Zones de piraterie
- Pollution des mers et océans
- Flotte de guerre américaine

Thème 2 Dynamiques territoriales, coopérations et tensions dans la mondialisation

La francophonie, outil du *soft power* de la France

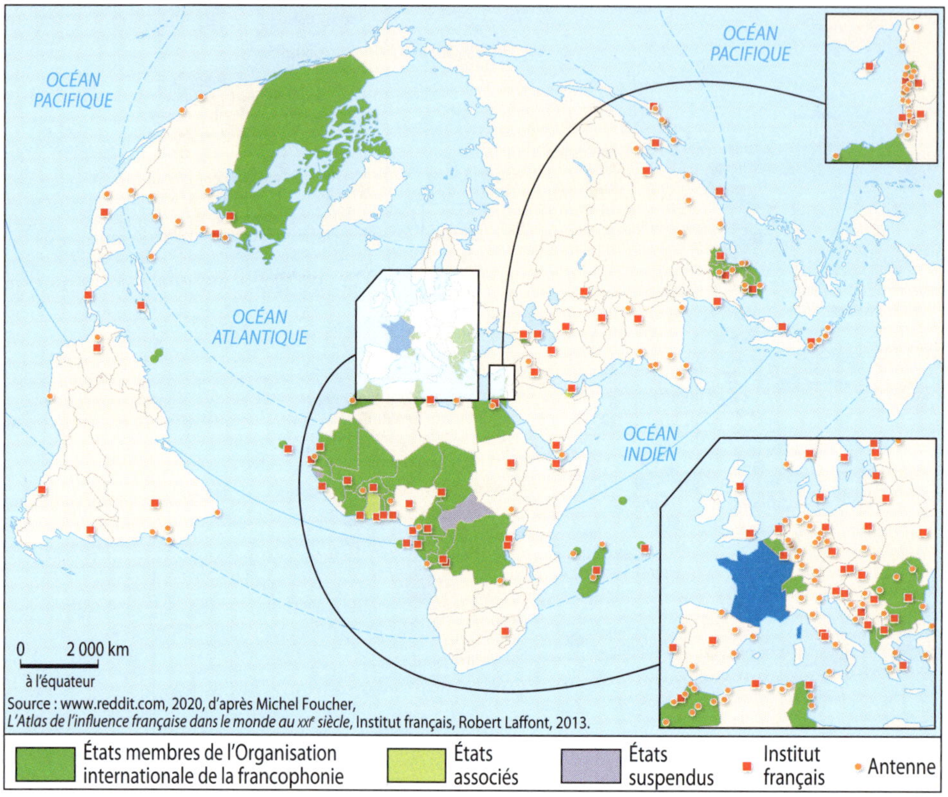

Source : www.reddit.com, 2020, d'après Michel Foucher, *L'Atlas de l'influence française dans le monde au XXIe siècle*, Institut français, Robert Laffont, 2013.

Des territoires inégalement intégrés

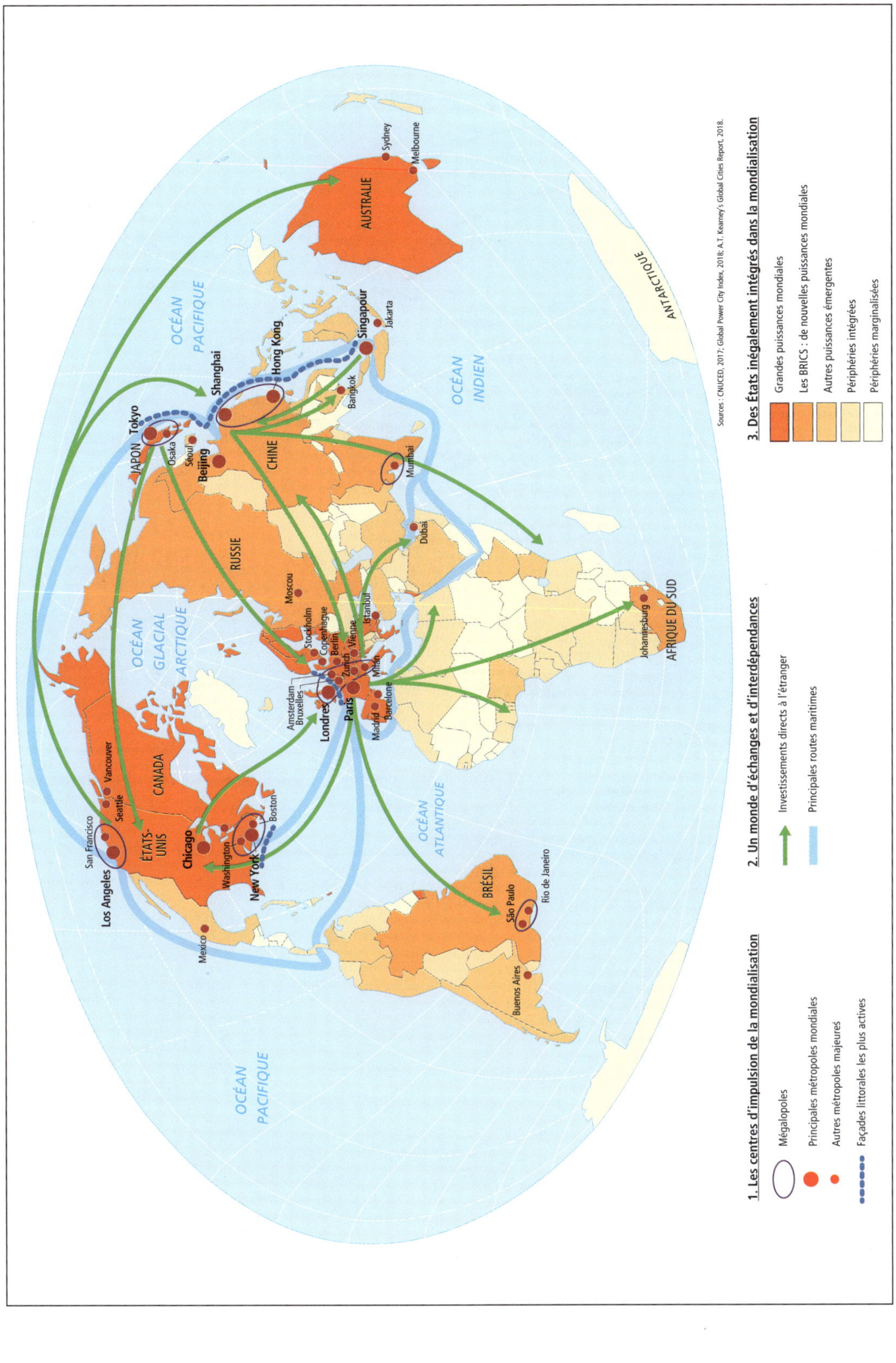

Thème 3 L'Union européenne dans la mondialisation : des dynamiques complexes

L'UE, acteur majeur de la mondialisation

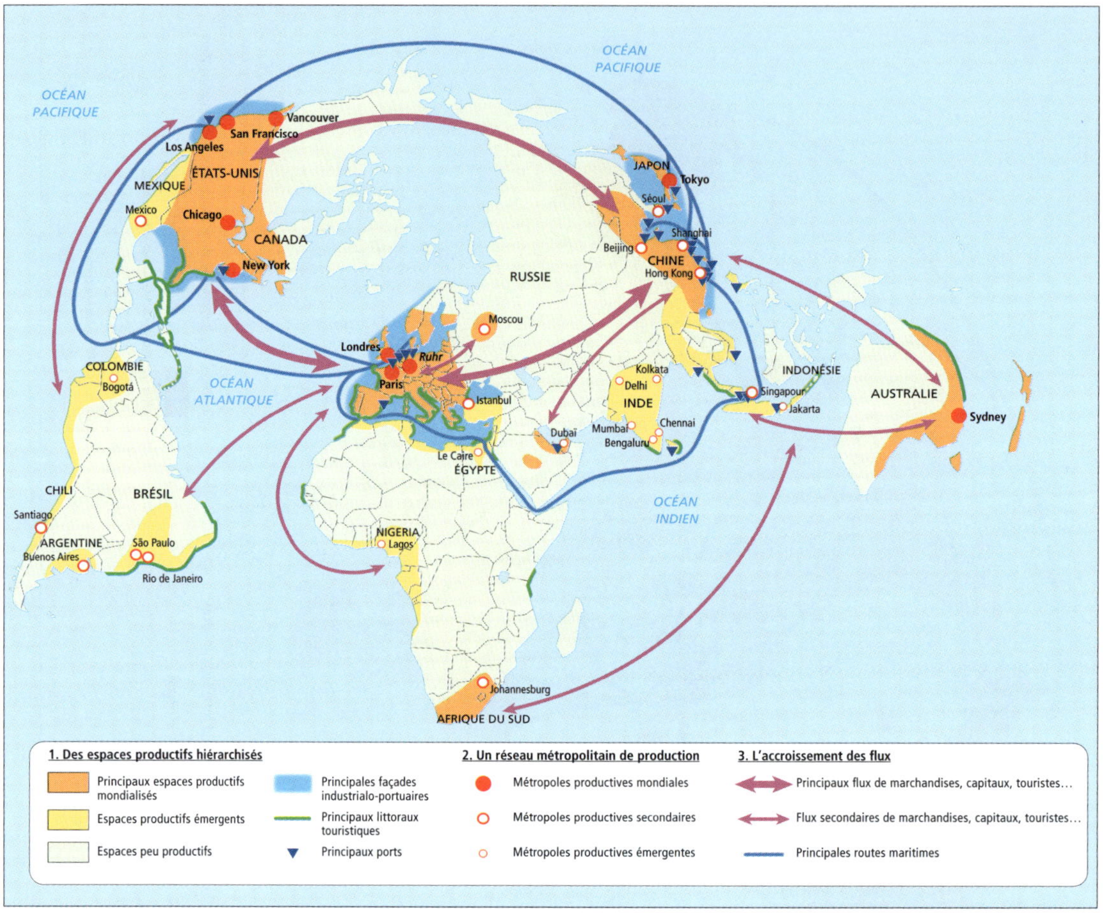

Frontières et espaces frontaliers en Europe

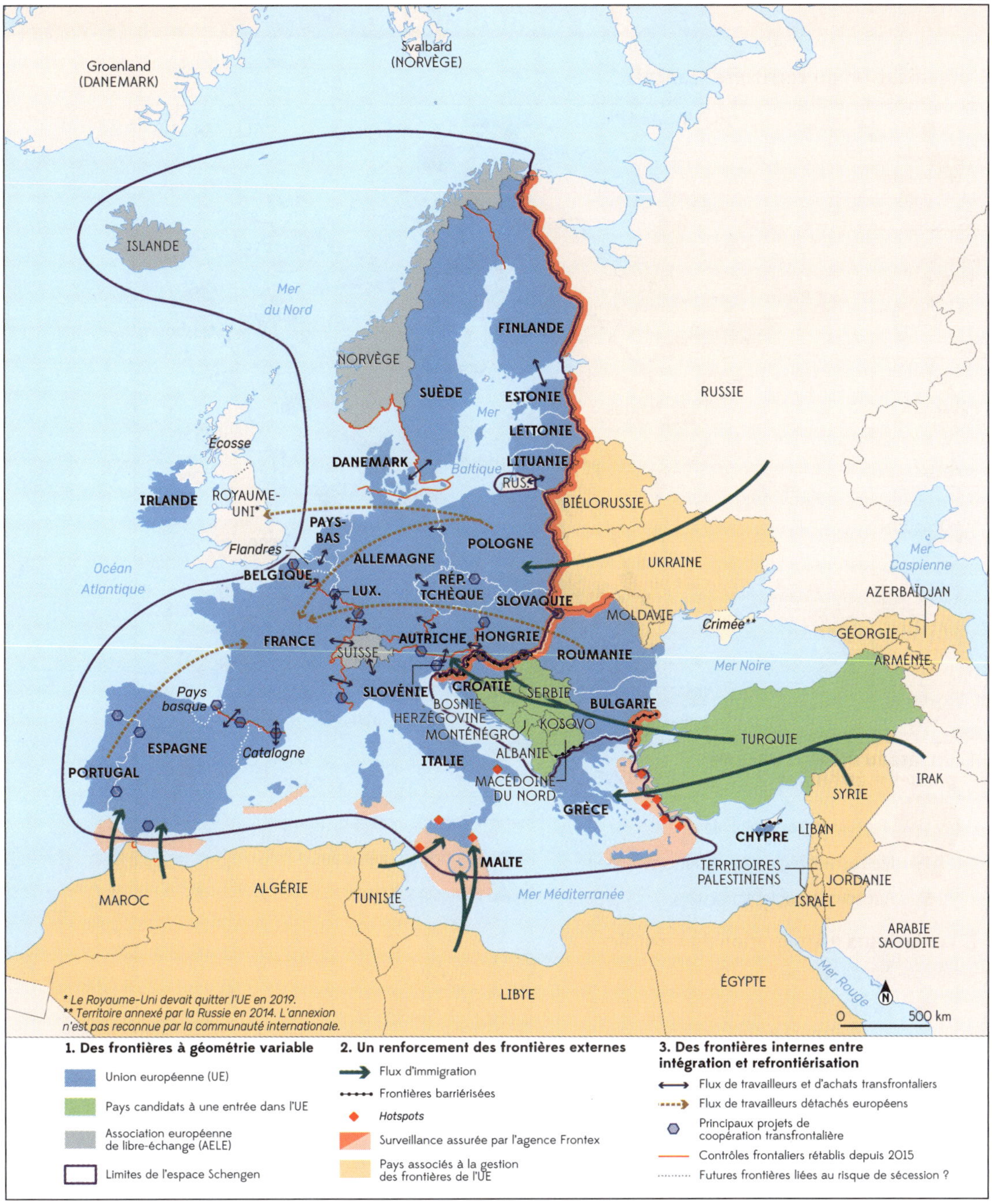

FICHES REPÈRES

Thème 4 La France et ses régions dans l'Union européenne et la mondialisation

L'organisation du territoire français

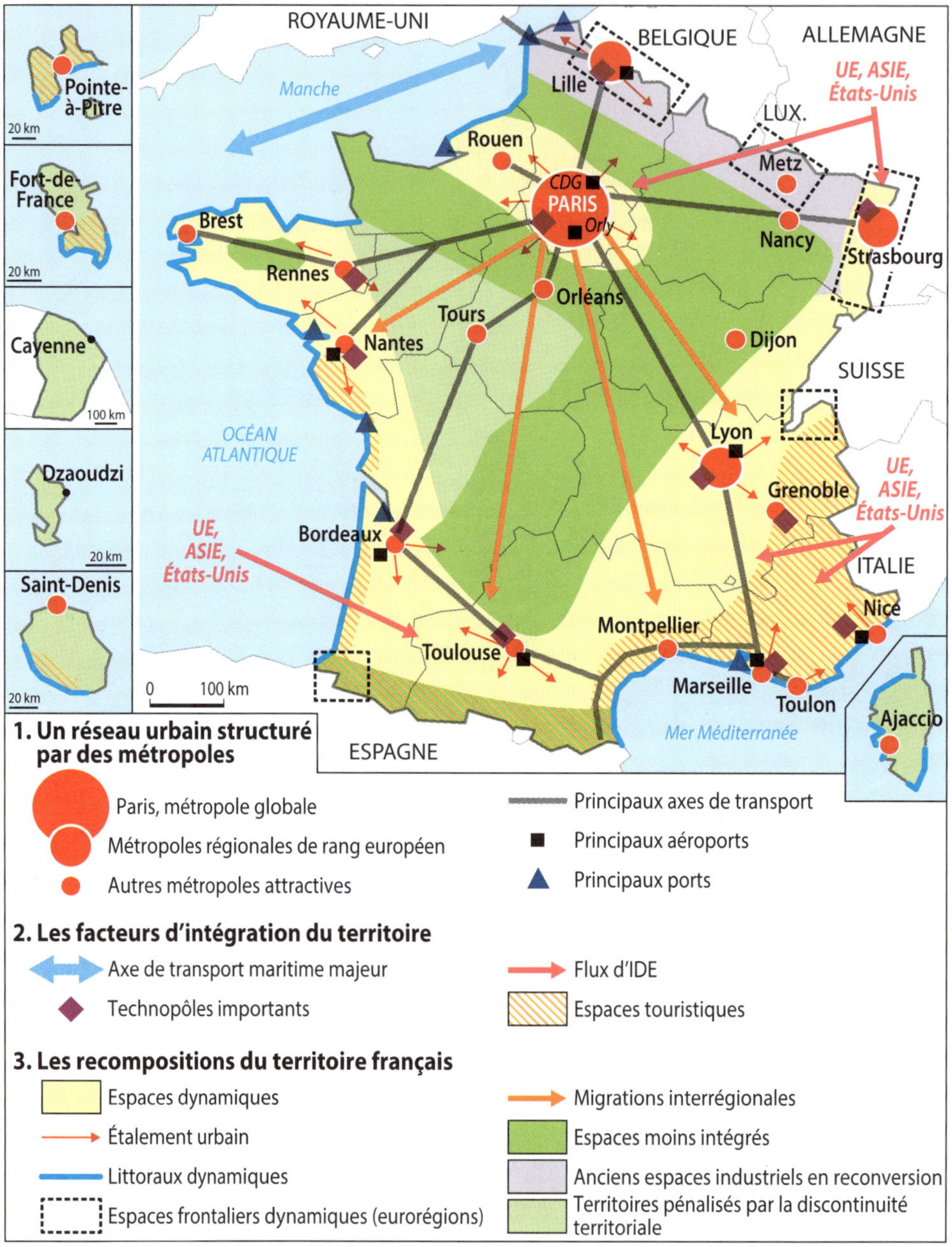

1. Repérer les mots-clés

- **Repérez le chapitre** et le thème du programme dans lequel il s'inscrit.
- **Identifiez les mots-clés** et la manière dont ils sont mis en relation (quels sont les connecteurs logiques utilisés ?).
- **Fixez les limites chronologiques et spatiales** du sujet si elles ne sont pas précisées dans son libellé.

2. Étudier la problématique

- Si le sujet n'est pas formulé par une question explicite, il faut prendre le temps d'en poser une.
- Répondre à cette question constitue en effet l'objectif et le fil conducteur du travail attendu : la nature et la structure de votre réponse en dépendent étroitement.
- Il est essentiel d'**identifier le type de problématique** : s'agit-il de répondre à une alternative, de procéder à une comparaison entre deux périodes ou deux territoires, de mettre en évidence et de caractériser une évolution spatiale ou chronologique, etc. ?
- **Le type de problématique induit bien souvent le type de plan à suivre**.

3. Mobiliser ses connaissances pour construire le plan

- **Relevez au brouillon toutes les informations** liées au sujet : idées, notions, lieux, dates-clés, acteurs, statistiques, exemples, etc.
- **Classez et hiérarchisez** ces éléments d'une manière chronologique, en fonction de la thématique ou de l'échelle correspondante.
- Pensez à mettre en évidence sur vos **fiches de révision** quelques **mots-clés** que vous pourrez immédiatement mobiliser, le jour de l'examen, pour chacun des thèmes du programme.
- Dans le cas d'un plan chronologique, précisez systématiquement à quels événements correspondent les bornes de la période étudiée.

4. Rédiger l'introduction et la conclusion au brouillon

- **L'entrée en matière doit présenter le sujet.** Il s'agit de montrer qu'il est compris en explicitant son libellé, ses limites spatiales ou chronologiques, et le contexte dans lequel il s'inscrit.
- **La conclusion** doit permettre d'établir un **bilan** du développement en apportant une **réponse** à la problématique (ne surtout pas la perdre de vue).
- La conclusion peut offrir une **mise en perspective du sujet** (un lien avec d'autres problématiques, un fait d'actualité, une référence bibliographique…). Mais celle-ci est un « plus » qui n'a rien d'obligatoire. Le cas échéant, elle doit être concise : il ne s'agit en aucun cas d'en faire un ultime paragraphe du devoir. Son rapport avec le sujet traité doit être immédiat et logique.

5. Rédiger le développement directement sur votre copie

- Pensez à **faire apparaître la structure de votre démonstration** en allant à la ligne entre chaque paragraphe et en réservant un alinéa.
- **Chaque paragraphe doit débuter par le fait majeur ou l'idée-clé** : cet argument constitue un élément de réponse à la problématique. Il doit ensuite être développé et illustré par un exemple dans la mesure du possible.
- **Prenez le temps de relire** l'ensemble du travail (pas moins de 5 minutes pour cette partie de l'épreuve).
- Dans **le cas d'un sujet d'histoire**, l'utilisation des temps du futur est à proscrire formellement. N'écrivez qu'au passé ou au présent.

Analyser un ou des document(s)

1. Analyser la consigne

- **Repérez les mots-clés**.
- Identifiez la manière dont ils sont mis en relation dans la consigne (attention en particulier aux connecteurs logiques : et, ou, mais, par rapport à…).
- **Déterminez** avec rigueur **le cadre du sujet** :
Repérez le chapitre correspondant dans le programme d'histoire ou de géographie.
Identifiez ses limites chronologiques et spatiales : quand elles ne sont pas indiquées de manière précise, il faut justifier le choix que vous faites pour traiter le sujet.

2. Identifier le(s) document(s)

- **Le(s) document(s)** doi(ven)t être **au cœur de l'analyse** : il ne s'agit surtout pas de répondre à la problématique uniquement ou principalement à partir de vos connaissances.
- Inversement, l'épreuve ne consiste pas non plus à décrire un document sans en expliquer le contenu : **il faut impérativement dépasser le stade de la description**, de l'inventaire, de la paraphrase.
- **Pour ne rien oublier** dans cette phase essentielle du travail, **appliquez l'acronyme CANDI** : Contexte, Auteur, Nature, Destinataires, Idée principale.

3. Étudier la problématique

- Elle peut être **explicite** (le libellé comporte un point d'interrogation) ou **implicite** : la consigne est formulée par une affirmation qu'il faut transformer en question pour démontrer que vous avez bien saisi les enjeux du sujet.
- Distinguez clairement la problématique du sujet de celle, bien plus générale, que vous avez étudiée en cours : toutes les connaissances que vous avez acquises dans le courant de l'année ne sont pas nécessairement utiles pour y répondre.

4. Relever les éléments qui, dans le(s) document(s), permettent d'y répondre

- Quels sont les **notions, idées, dates, lieux, acteurs**… évoqués dans le(s) document(s) qui sont directement liés à la problématique ?
- **Classez et hiérarchisez les éléments** correspondants par thème, par date ou par échelle d'observation (locale, régionale, mondiale) selon la nature du sujet à traiter.
- **Exercez votre esprit critique :** mettez en évidence les limites du/des document(s), interrogez la pertinence du choix proposé, soulignez les lacunes ou les insuffisances majeures (exemple : un document dont la source n'est pas indiquée).
- Si le sujet comporte **deux documents ou plus**, demandez-vous **sur quels critères ils ont été associés par son concepteur** : pourquoi ceux-là ensemble plutôt que d'autres ? La réponse à cette question est souvent riche d'enseignements…

5. Mobiliser ses connaissances

- **Remémorez-vous le cours** sur le chapitre concerné.
- **Complétez et enrichissez les éléments de réponse** issus des documents **par des connaissances personnelles** directement liées au sujet.
- N'utilisez que les connaissances qui sont vraiment utiles pour répondre à la question et apportent une réelle valeur ajoutée aux informations du/des document(s). C'est cette capacité de sélection qui sera fortement appréciée du correcteur…

6. Construire le plan

- **En histoire, le plan thématique et le plan chronologique** (ainsi que leur variante, le plan chrono-thématique) sont les plus fréquemment utilisés.
- **En géographie,** le plan **peut également être thématique** ; il est recommandé, si le sujet s'y prête, de **privilégier le plan par emboîtement d'échelles** (du local au global ou l'inverse). Le choix dépend principalement de la nature de la problématique.

7. Rédiger pour répondre à la consigne de manière argumentée

- **L'introduction** est un élément essentiel de la réponse. Elle sert à **présenter les documents** et **la problématique** d'une part, à **annoncer** la manière dont vous avez choisi de traiter la question d'autre part (**le plan**).
- La **conclusion** doit être **brève**. Elle a vocation à dresser le bilan du développement et à apporter une réponse synthétique à la question posée.
- **L'introduction et la conclusion doivent être rédigées au brouillon**. Le développement est construit au fil de la plume en suivant le plan que vous aurez préalablement établi.
- Ne vous interdisez pas d'introduire une dimension historique dans un sujet de géographie (on peut évoquer la recomposition d'un espace sous un angle chronologique par exemple). Inversement, on peut mobiliser des compétences géographiques dans une copie d'histoire (le déroulement d'une guerre peut être envisagé par le biais des territoires qu'elle impacte et des flux d'hommes, de matériels, d'informations… qu'elle génère).

FICHE 3 MÉTHODE Réaliser une production graphique

Pour la seconde partie de l'épreuve, il est possible qu'on vous demande de réaliser une production graphique plutôt qu'une analyse de document(s).
Cette production graphique peut être :

- un croquis élaboré à partir d'un texte présentant une situation géographique et d'un fond de carte fourni ; le titre et l'organisation du texte suggèrent les grandes orientations utiles à la réalisation du croquis ;
- un schéma, un organigramme, une arborescence… à l'aide de consignes et de données qui sont associées au sujet.

1. Comprendre et analyser le sujet

- **Lisez et relisez le libellé** du sujet et le texte d'accompagnement.
- **Repérez le thème** et le chapitre du programme dans lequel il s'inscrit.
- **Identifiez les limites chronologiques ou spatiales du sujet** : quand commence et quand s'achève la période à traiter ? À quel espace ou à quel territoire le sujet correspond-il ?
- **Identifiez les mots-clés :** associez-leur au brouillon la définition correspondante.
- **Vérifiez que le sens de la problématique est bien compri**s : si le libellé n'est pas formulé par une question, posez-en une afin de garder à l'esprit votre objectif : y répondre !

2. Organiser la légende et choisir les figurés

- **Triez et classez les informations** qui vous sont proposées dans la consigne et le document associé au sujet.
- Si on attend de vous la production d'un croquis :
  – repérez plus particulièrement les informations qui sont cartographiables ;
  – **choisissez les figurés en fonction de la nature des informations à représenter** : figurés ponctuels (points, étoiles, carrés…), linéaires (lignes, flèches…) ou de surface (hachures, aplats de couleur…).

3. Réaliser la production graphique

- **Cas 1. Pour produire un croquis :**
Mettez en forme la légende, reportez les figurés de la légende sur le fond de carte et lui donner un titre. Vérifiez que le croquis possède bien les attributs nécessaires ; se souvenir de l'acronyme TOLENC pour Titre, Orientation, Légende, Échelle, Nomenclature (nom des mers et des océans, des régions ou États voisins…) et Cadre pour distinguer le croquis des éventuels autres éléments de réponse à la problématique.

- **Cas 2. Pour toute autre production graphique,** suivre rigoureusement les indications de la consigne.

4. À retenir pour la production d'un croquis

• Votre croquis doit **obligatoirement comporter des noms de lieux** (des toponymes) qui permettent de repérer l'espace représenté (à la différence d'un schéma qui peut en être privé dans la mesure où il correspond à la représentation d'un espace théorique) ;

• Il doit **respecter les normes graphiques élémentaires** ; on écrit généralement le nom :
– des océans en majuscules bleues ;
– des continents et des États en majuscules noires ;
– des mers et des fleuves en minuscules bleues ;
– des régions ou des villes en minuscules noires.

• Tout ce qui est **écrit** doit l'être **horizontalement** (sauf pour le nom des fleuves et des rivières qu'on peut identifier en suivant le cours) ; on n'utilise **ni feutres ni surligneurs** pour « colorier » une surface ;

• **Si deux figurés** doivent être **superposés** (des hachures sur un aplat de couleur par exemple), vérifiez que **le tout reste lisible et esthétique** de préférence ;

• Il est inutile de préciser dans le titre « croquis de… » : c'est un pléonasme ; il faut que le titre fasse sens : il n'est pas interdit de reprendre la question posée dans le libellé du sujet.

• Le croquis présente au lecteur une représentation spatiale qui, à la différence de la description qui peut en être faite dans un texte, livre un ensemble d'informations simultanément : il faut donc que **le croquis, son titre et sa légende** soient **sur le même côté de la feuille** (seuls les commentaires peuvent être renvoyés au verso si nécessaire) ;

• **Le soin apporté à la réalisation du croquis**, comme à toute autre production graphique, est un élément déterminant du résultat final : appliquez-vous ! Accordez aussi de l'importance à **la qualité de l'expression écrite** (orthographe, grammaire, syntaxe).

Crédits photographiques

p. 24 : © BIS/Ph.Imperial War Museum, Londres-Archives Larbor ; p. 34 : © Shutterstock ; p. 92 : © Régis Léger, 2014 ; p. 129 : P. Pétain : © BIS / Ph. J.L.Charmet © Archives Bordas ; 129, W. Churchill : © Heritage Image / Leemage ; 129, J. Staline : © BIS / Ph. J. J. Hautefeuille © Archives Larbor D.R. ; 129, F. Roosevelt : © BIS/Ph. Bernard Sonneville © Archives Nathan ; 129, J. M. Keynes : © Leemage.com ; 129, B. Mussolini : © BIS/Ph. J.L.Charmet/Coll.Archives Bordas ; p. 130 : A. Hitler : © BIS / Ph. Coll. Archives Larbor ; 130, J. Nehru : © Fred Stein/Leemage ; 130 : C. de Gaulle : © BIS/Ph.Coll. ArchivesLarbor ; 130, M. Zedong : © BIS/Ph.Bernard Sonneville/Coll.Archives Nathan ; 130, N. Krouchtchev : © DR ; 130, D.Xiaoping : © DR ; 130, R. Reagan : © Marc Reinstein/Shutterstock ; p. 131 : F. Mitterand : © Leemage.com ; 131, N. Mandela : © Alessia Perdomenico/Shutterstock ; 131, Y. Rabin : © akg-images / ullstein bild/ ; 131, J. Delors : © akg-images / ullstein bild/ ; 131, V. Giscard d'Estaing : © Manuel Bidermanas/AKG ; 131, S. Veil : © DR ; 131, M. Gorbatchev : © Heide Pinkall/ Shutterstock ; p. 132 : S. Hussein : © Prachaya Roekdeethaweesab/Shutterstock ; p. 133 : G. W. Bush : © Shutterstock ; 133, C. Taubira : © Denis Makarenko / Shutterstock ; 133, A. Merkel : © 360b/Shutterstock ; 133, N. Sarkozy : © Frederic Legrand-COMEO : Shutterstock ; 133, B. Johnson : © Frederic Legrand/ Shutterstock

MIXTE
Papier issu de sources responsables
FSC® C022030

Nathan est un éditeur qui s'engage pour la préservation de son environnement et qui utilise du papier fabriqué à partir de bois provenant de forêts gérées de manière responsable et contrôlée.

N° d'éditeur : 10262091
Dépôt légal : septembre 2020
Achevé d'imprimer en septembre 2020, en France, par l'imprimerie Clerc.